...morous way
to say
...our opinion

……，改變對方的心理

幽默的話語就是**溝通**的**潤滑劑**

《罵人不必帶髒字》
系列暢銷作家
文彥博 編著

心理學家威廉，詹姆斯曾說：「**幽默然不是什麼特異功能，卻能輕鬆化解原來尷尬或對立的場面。**」
幽默是人際交往最好的潤滑劑，當你遭遇尷尬、對立的場面，或是不同意某些觀點，與其和對方大眼瞪小眼，甚至爭得臉紅脖子
倒不如適時藉由幽默的言行，巧妙地秀出自己的想法，更能達成一針見血的效果。
幽默是話不投機的救生圈。當你忍不住想要說出自己的想法，不妨利用幽默的方式表達，不只效果會加倍，
也可以瞬間緩和原本僵持對立的氛圍。

●出版序●

用幽默的話語，改變對方的心理

幽默的話語往往會改變他人的心理，遇到讓人氣惱的事情，千萬不要動怒發飆，而要發揮機智，用幽默的方式表達自己的意思。

作家哈代曾經寫道：「人生裡有價值的事情並不是人生的美麗，而是用幽默的心情去看透人生的酸苦。」

確實，現實生活中隨時有意外降臨，也難免有不如意的情況發生，與其一味抱怨、懊惱，不如用幽默的方法表達自己的想法。

人生處處是意外，假如在餐廳裡的啤酒杯中發現蒼蠅，身為顧客的你，將怎樣處置呢？據說，以下是六個國家的人不同的處理方法。

英國人會以紳士的態度吩咐侍者：「換一杯啤酒來！」

法國人會將杯中物傾倒一空。

西班牙人不去喝它，只是留下鈔票，不聲不響地離開餐廳。

日本人會令侍者叫來餐廳經理訓斥一番：「你們是這樣做生意的嗎？」

沙烏地阿拉伯人則會把侍者叫來，把啤酒遞給他：「我請你喝！」

美國人比較幽默，會向侍者說：「以後請將啤酒和蒼蠅分別放置，由喜歡蒼蠅的客人自行將蒼蠅放進啤酒裡，你覺得怎樣？」

喜劇泰斗卓別林曾說過：「如果用特寫鏡頭看生活，生活就是一場悲劇；如果用長鏡頭看生活，生活就是一場喜劇。」

藉著幽默的方式，將所有的不滿和不快用一笑帶過，就是懂得「用幽默可破沉默」的人，也是處世圓融的人。

面對不如意的事情，最好能用幽默的心情坦然接受。

羅曼諾索夫是十八世紀俄國偉大的學者、詩人和教育家，為了發展俄國的科學事業，不斷與科學院的官僚勢力和上層貴族鬥爭。

有一天，他和宮廷貴族舒瓦羅夫伯爵因為一個問題爭吵起來，彼此都出言不遜。伯爵自恃地位顯赫，惱羞成怒地嚷道：「我要把你開除出科學院！」

羅曼諾索夫反倒神色泰然地回答：「請您原諒，無論怎樣，你也絕不能把科學從我身上開除出去！」

詩人薩克雷曾經說過：「可以這麼說，詼諧幽默是人們在處理人際關係時，所穿的最漂亮的服飾。」

其實，幽默是人的情感最自然的流露，直接聯結在對方的本性上，它不僅可以像潤滑油一樣滋潤你的人際關係，也可以讓你處世更加圓融。

為了跑到新聞，美國知名的記者哈里・羅曼諾夫常常不擇手段，使用他的絕招，在電話裡騙新聞。

有一次，聽說在某地發生了員警和罪犯的槍戰，一些員警受了傷，被送到一家醫院治療。哈里・羅曼諾夫得知這個獨家新聞以後，立刻冒充警察局長，準備「誆騙」新聞。他打電話到這家醫院之後，裝模作樣問道：「我是警察局長，你們那裡現在的情況怎麼樣？」

對方十分耐心地向「警察局長」報告情況，介紹了不少別人還不知道的消息。

哈里・羅曼諾夫非常感動，打算在自己的報導裡把這位訊息提供者的姓名公佈出來，於是，便很客氣地說：「謝謝你！請問，你是哪一位？能告訴我你的姓名和職業嗎？」

結果，對方的回答令哈里・羅曼諾夫大吃一驚：「我是警察局長菲茨莫里斯，親愛的『警察局長』先生。」

古羅馬思想家西塞羅曾經寫道：「幽默會給人帶來歡樂，而且，常常可以產生巨大的作用。」

的確，幽默不僅能令人開懷，而且還常有潤滑的妙用，可以化解尷尬，打破沉默，讓你跟別人交際的過程中增添光彩。

不管是快要被開除的羅曼諾索夫，還是被冒用頭銜的警察局長，碰到攻擊自己或利用自己的人時，卻能適時發揮幽默感，平心靜氣和對方開玩笑。這樣的人能了解自己情緒變化，也能控制自己的情緒，不因挫折而沮喪，幽默指數高的人，就具有這樣的特質。

幽默的話語往往會改變他人的心理，遇到讓人氣惱的事情，千萬不要動怒發飆，而要發揮機智，用幽默的方式表達自己的意思。

真正有智慧的人，即使面對別人的反對、質疑或批評，也會用幽默的話語試著改變對方的心理，讓對方自知理虧之餘，有更深一層的體悟。

•本書《用幽默的話語，改變對方的心理》，是作者舊作《用幽默的心情，面對不如意的事情》的全新修訂版本，謹此說明。

PART 1 用幽默的方式表達自己的意思

幽默的表達方式不是只為了找出答案，更富含了我們的生活態度。活絡自身的思考智慧，才能得到趣味的人生。

PART 2

你的念頭決定你的生活

許多事都只是一個念頭轉動變化，希望有什麼樣的生活，便得讓自己朝什麼樣的思考方向。心思幽默，生活必定更快活。

PART 3

用歡笑代替氣惱

碰到尷尬的情況，用不同的情緒去面對，就會有不同的結果，用幽默心情帶過，笑聲可以解決氣惱。

PART 4 幽默回應，可巧妙改變處境

與其軟弱地保持沉默、不知所措，或者不近人情破口大罵，倒不如巧妙改變自身處境，可以讓人輕鬆解決問題。

PART 5

懂得幽默，就能輕鬆溝通

很多遺憾萬分的事，都是起因於溝通不良，引爆點往往是微不足道的小事。如果幽默一點，看著自大自捧的人表演，也是一件有趣的事。

PART 6

用幽默的態度看待惱人的小事

恩怨情仇皆是生活中的小事，想擁有一段幸福圓滿的人生，就該幽默以對，別再讓生活中的小事困住自己。

PART 7 用幽默將生活的框架突破

不想受困於「有限」的生活空間，便得讓自己擁有「無限」的心境與思考智慧，讓自己幽默一點。

PART 8 別用情緒處理事情

幽默一點，別再用情緒解題，也別輕忽了態度的重要，因為這些都是人們評斷的重要依據，稍有偏差，便難得敬重與肯定。

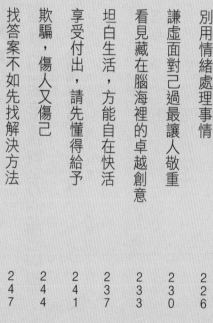

PART 9

用幽默的態度讓對方心服口服

想與人溝通或回應問題時，要多一點幽默感，多用點心思來尋找回應或回擊，才能讓對方輸得心服口服。

PART 10

有一點爭吵，更能恩愛到老

將「鬥嘴」化為幽默的對話，能為感情增添溫度，穩定婚姻狀況。床頭吵、床尾和，雖然吵吵鬧鬧，也能恩恩愛愛相伴到老。

PART 11

用風趣感染眾人的情緒

維持場面氣氛和諧的能力，是現代人必須注重的。風趣、活潑具有感染力，讓自己帶著燦爛笑容和別人來往。

PART 12

不要讓自己的幽默太過火

輕鬆生活不代表可以隨性作為，幽默也不可過火，唯有能保有自己的真性誠心，才能期待良善社會環境的建立。

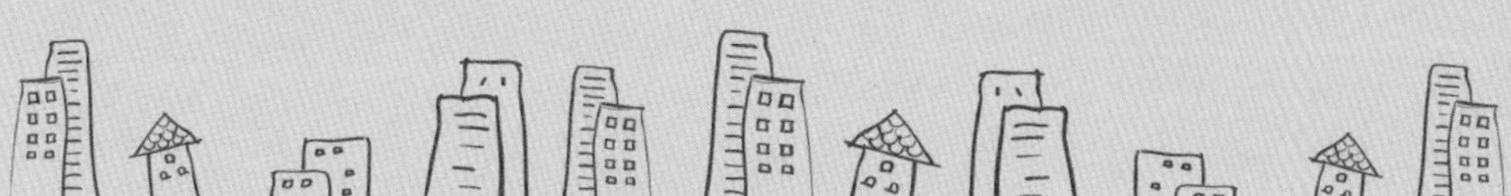

01

用幽默的方式
表達自己的意思

幽默的表達方式不是只為了找出答案，
更富含了我們的生活態度。
活絡自身的思考智慧，
才能得到趣味的人生。

懂得幽默回敬，才算真正聰明

處世要能多元運用，待人接物也要能多變通，畢竟人是多樣的，面對不同的人，要有不同的對待方式。

幽默的話語是人際交往最好的潤滑劑，當你遭遇尷尬、對立的場面，或是不同意某些觀點，與其和對方大眼瞪小眼，甚至爭得臉紅脖子粗，倒不如適時藉由幽默的言行，巧妙地說出自己的想法，更能達成一針見血的效果。

在好萊塢的某座片廠內，一名女明星和導演大吵了起來。

只見女明星歇斯底里地對著導演大吼大叫：「你處處都在針對我，我知道你討厭我，恨不得我趕快去死，然後好對著我的墳墓吐口水，對吧？」

「放心，我沒那閒工夫去排隊。」導演冷冷地回答。

這名導演漂亮地反唇相譏，幽默且犀利，譏諷得女明星無話可回。

遇到強勢又無理的人，常有人選擇沉默離開，或許這是避免無謂爭吵的唯一辦法，但是，碰上那些會順勢軟土深掘、得寸進尺的人時，唯有適當的反擊，才不致於使自己成爲一再被欺壓的目標。

在英國，人們聽見喬治．傑佛里斯的名字，無不露出厭惡的神情，因為他經常對犯人做出慘無人道的判決，讓許多人深感不滿。

這天，他怒目對著一名犯人，並以手杖指著他說：「你這傢伙！要知道，我的手杖指的一頭，必定是個惡棍。」

沒想到犯人竟揚起了下巴，直直地盯著傑佛里斯的眼睛說：「大人，請問您所指的到底是哪一頭啊？」

你認爲是哪一頭呢？

我們常說惡人無膽，是因爲他們一遇到比自己更兇狠的人，便逃得比誰都快。所以碰上有心機的人，我們其實不必太擔心遭人計算，因爲無論怎麼算計，還是會出現遺漏與盲點。若想給對方一個教訓，只要耐心尋找，必能找出其中死穴，伺機反將一軍。

也許有人會質疑，處理現實生活中的這些麻煩時，沒必要凡事硬碰硬。確實，我們當然可以避免，只要你看得開，而且懂得一笑置之。

若心中感覺到不滿、憤怒，適度反駁回擊其實並不爲過，因爲確實會有人是吃硬不吃軟，不適時回敬，便認定你是個好欺負的人，得寸進尺。

聰明如你，一定知道處世要能多元運用，待人接物也要能多變通，畢竟人是多樣的。面對不同的人，我們要有不同的對待方式，唯一要遵循的宗旨，就是幽默的態度。

用幽默的方式表達自己的意思

幽默的表達方式不是只為了找出答案，更富含了我們的生活態度。活絡自身的思考智慧，才能得到趣味的人生。

多聽聽別人怎麼說，多看看自己怎麼想，生活重在思考與活化。

只要我們能經常動腦，即使思路誇張得讓人無法置信也無妨，因爲當中必能引出其他智慧巧思。

尊重別人的思考邏輯，也應多肯定自己的思考道理，只要一切目的是朝向正面積極的意義，任何想法都有獨特價值。

老師指著某個學生說：「來，你舉一個文盲的實例，說說怎樣叫文盲。」

同學想了想，說：「嗯，比方說，如果蒼蠅不是文盲的話，牠就不會一再地飛向那些明明寫了『滅蠅』字樣的膠紙上了。」

雖然有些亂掰硬湊，但這答案的思考其實也算有理，正因爲牠們讀不懂文字，所以一再地誤入陷阱。那麼，擁有學習文字語言能力的我們，是否懂得更積極珍惜這一切，更加努力呢？

例舉要能讓人明白，才能得到事半功倍的效果，好像下面這位教授的創意學例，不只幽默有趣，且讓人一聽便懂。

一位富有幽默感、精通印刷的教授，為了使學生瞭解「鉛印」和「影印」這兩種基本印刷方式的不同，特別做了一個簡單的示範。

他先請班上一位女學生到講台前面，然後對她說：「同學，麻煩妳在唇上塗口紅，然後親吻我。」

女同學依言配合，接著，教授指著臉上的紅色唇印，說：「嗯，同學們，這就是鉛印。」

接下來，他從口袋拿出一條白色手帕，將臉上的唇印轉印上。

「你們看，這就是影印。其實與鉛印的效果差不多，不過很顯然的，過程乏味多了。」教授笑著解說。

轉個彎思考，我們想讓人明白道理，想避免溝通有礙，便要懂得聰明幽默地舉例，讓他人清楚明白你想表達的意思，如此不只有助於搭起彼此間的溝通橋樑，更能避開使我們擔心的溝通誤會。

再更進一步思考，影印就像人與人之間的溝通，一味地轉印，最後必會印不出清楚的圖片文字，此時若是不能確實將問題找出修正，便會造成錯誤，帶來不必要的傷害。

所以，幽默的表達方式不是只爲了找出答案，更富含了我們的生活態度。活絡自身的思考智慧，才能得到趣味的人生。

幽默的人比較受人歡迎

機智幽默當然不是與生俱來的，而是從生活中慢慢累積、慢慢學習得到的智慧，可以輕鬆擺平眼前的麻煩事。

心理學家詹姆斯曾說：「幽默雖然不是什麼特異功能，但是，卻能輕鬆化解原來尷尬或對立的場面。」

其實，在這個人際關係緊張對立的社會，懂得在適當的時機幽默一下，往往比較受人歡迎，因爲，幽默的人懂得用自嘲來化解原本僵峙對立的氣氛，幽默的人也懂得用「開自己的玩笑」來作爲別人和自己的下台階。

音樂會上，有一位著名的女聲樂家正引吭高歌，台下有一位女聽眾也用顫音跟著唱了起來。

「真像一頭母牛！」她的鄰座忿忿不平地說。

「誰？你這是在說我嗎？」那名女聽眾立即轉頭質問。

「哦！不，不是您，我是說，台上這位歌手干擾了您美妙的歌聲。」這名聽眾連忙改口說。

這名聽眾的反應還蠻快的，能隨機應變，自然聰明避開了人們的報復。說來，這不正是許多人最缺乏的解危能力嗎？

碰到類似的情況，別太情緒化，如果對方能聰明自省，並因而冷靜下來，麻煩自然解除。若是不幸遇到像故事中的女聽眾，不但不覺得自己失態，更不知道自我反省，便得小心應對，因爲一旦處理不當，恐怕出糗的人不是只有她，還包括我們自己。

此外，之所以在人際相處上要如此用心，是因爲我們在日常生活中應對進退的習慣動作，常常與本身的工作相通。生活態度謹慎的人，在工作上自然也能得到較好成果。

「親愛的女士、先生們，接下來我們邀請到一位小提家來演奏。他曾經在各種國際比賽中獲得不少大獎，現在，請你們以熱烈的掌聲歡迎他。」主持人對著觀眾們說。

這時，演奏家卻神情緊張地對主持人低語：「對不起，我不是小提琴家，我是個鋼琴家。」

主持人一聽，連忙又舉起麥克風：「女士、先生，很抱歉，小提琴家忘了把小提琴帶出來，因此他決定改為大家演奏鋼琴，相信這樣的機會更為難得，請大家再一次以熱烈的掌聲來歡迎他出場。」

主持人臨場應變，不僅遮掩住有關單位犯錯的糗事，更維持了原本希冀聆聽小提琴演奏的觀眾們的心情，甚至還以「難得」兩個字來拉抬現場氣氛，讓這場音樂會變得更具可看性。

從另一個角度來看，主持人的機智同樣緩和了鋼琴家窘迫的緊張情緒，讓音樂會能有個圓滿的結果。

弗列迪克曾經寫道：「懂得幽默的人，最有人緣。」因爲，沒有人會喜歡跟一個不苟言笑，凡事一板一眼的人朝夕相處，也沒有人會願意跟一個開不起玩笑，凡事正經八百的人一起生活，因此，如果你想擁有良好的人緣，培養適度的幽默感，就是你必修的第一門功課。

機智幽默當然不是與生俱來的，而是從生活中慢慢累積、慢慢學習得到的智慧。相同的幽默應變，讓兩則故事中的主角漂亮地排紛解難，不用發生任何爭執，也不必發出抗議聲，便輕鬆擺平眼前的麻煩事，這正是我們每個人都應該努力學習的目標與境界。

多用微笑，應對進退更美妙

幽默的人比較受歡迎，無論在什麼環境中，我們無時無刻都會與人接觸，而這些人會是阻礙還是助力，端看我們怎麼面對，又是怎麼看待。

美國作家比徹．斯托曾說：「只要你能用幽默的方式讓對方會心一笑，對方就會不由自主照著你的意思去做。」

幽默的話語往往會改變他人的心理，遇到難纏的人、不如己意的事情，要動怒發飆很容易，困難的是如何發揮機智，用幽默的方式表達自己的意思。

愛看偵探劇的漢克，很喜歡緊盯著表演內容，猜測誰才是真正的兇手，不管是演員們的台詞，還是戲劇進行時的可能伏筆，他都會極其用心且細心地記下並思考。

這天，他跑去看一齣名叫〈街角謀殺案〉的偵探劇。服務生引著他到座位上時，台上的戲正巧開演。

這時，已經準備投入觀戲的漢克，卻聽見服務生問：「先生，您對這個座位滿意嗎？」

「滿意，謝謝！」漢克匆匆回應。

「好，那讓我把您的帽子送到衣帽間吧？」服務生說。

「不用了，謝謝！」漢克不耐煩地揮了揮手，示意要他離開。

但不知道為什麼，那服務生似乎不明白漢克的意思，緊接著又小聲地問道：「需要節目單嗎？」

「不！謝謝！」漢克壓抑著情緒回應。

「這裡有送劇照！」服務生拿出劇照給漢克。

「謝謝！」漢克接過後，禮貌地回應。

「要不要望遠鏡？」服務生問。

「不！」簡短的回應，顯見漢克的情緒已一觸即發。

但這服務生完全感受不到，只見他一會問漢克要不要餅乾，一會又問他要不要喝香檳。

劇情漸進高潮，漢克被這服務生搞得完全無法專注觀戲，於是又氣又急地回了一句：「什麼都不用了，你快給我滾！」

殊不知這服務生原來是在等待小費，當他發現漢克根本不想給後，當即想出報復方法，只見他伸手指向舞台中央，然後在漢克耳邊恨恨地說：「凶手就是園丁！」

如此情緒化、毫無幽默感的回應，你覺得好嗎？

爲了拿到小費，讓服務生失去專業素養，這其中影響到的不只是他個人，還包括了對公司劇院形象的傷害。

身爲服務生卻惡狠狠地剝奪了客人的推理樂趣，相信沒有人會給這樣的服務肯定的聲音，畢竟服務業本該以客爲尊，過份的情緒表現只會讓人看見從業者的不適任，以及修養不足。

也許有人會覺得，服務生的出發點只在爭取自己的權利，並沒有錯，但方法有很多種，聰明的人可以有更聰明的選擇，以及幽默的做法，好比下面這位空姐的表現。

從紐約飛往日內瓦的班機上，有個男子不斷地戲弄、騷擾一名女空服員。

儘管其他人都認為錯在那名乘客，但這名女空服員仍然很敬業且專業地服務，甚至非常耐心地回覆他一再提出的無理要求。

突然，這名旅客對著她咆哮起來：「妳是我所見過的空服員中，理解力最差的一個。」

女空服員聽了，一點也不生氣，帶著微笑說：「謝謝批評，請相信我，您是我所遇見的乘客中，最可愛的一位。」

女空服員說完，正準備離開，忽然轉頭送給男子一個很甜的微笑，跟著補充了這麼一句：「不過，也有可能我們都弄錯了。」

不必怒顏以對，不必惡言出口，微笑地反問回應，也幽默地引導反思，極其漂亮地爲自己爭回面子與尊重，不是更好嗎？

服務業原本就是以客爲尊，但人原本就多元且不同，所以聰明的服務者不會只套用一種公式，而會靈活地視當下情況變通，以爭得最好的口碑。

幽默的人比較受歡迎，不管是服務工作也好，或著是在其他崗位上，都應該懷抱幽默的工作態度，因爲無論在什麼環境中，我們無時無刻都會與人接觸，而這些人會是阻礙還是助力，端看我們怎麼面對，又是怎麼看待。

工作環境是修煉自己的最佳場所，在工作場合中來來去去的人都會是我們的對手，但也都會是你我的貴人，能讓我們體驗多元的人與事。

所以，面對各式麻煩的人事時，應該先學會幽默的智慧，再微笑應對或應付，然後慢慢地改變對方的心理，你會發現，原來顧客或老闆、同事，就像一群大孩子，一點也不難哄騙。

身段柔軟並不丟臉

幽默地承認自己的錯誤吧！低頭道歉並不丟臉，身段越柔軟，我們越能擁有和諧的人際交流與合作關係。

在某個法庭上，法官詢問被告說：「你不但偷錢，還拿了人家的手錶、戒指和珍珠項鍊嗎？」

被告相當冷靜地點頭回答說：「是的，法官大人，因為人們經常這麼對我說：『光是有錢並不會得到幸福的。』」

的確，不是有錢就能買到幸福，換句話說，我們可以這麼譏諷小偷：「眞正的幸福是偷不到手的。」

犯了錯就是犯了錯，理由再充裕、藉口再多也無法掩飾，更何況眼前呈現的是不爭的事實，應負的責任更避免不了，就像下面這一則故事一樣。

有一天，田裡忽然出現一隻很兇猛的狗，朝著一名農夫直撲過去。農夫見狀，隨手舉起手中的叉子回擊，沒想到惡犬竟一頭叉了進去，鮮血直流，不一會兒便死去了。

後來，狗主人知道狗是農夫殺的，便提出告訴，要法院還自己一個公道。

「大人，他叉死了我的狗，您一定要重判他！」狗主人氣憤地說。

法官看著被告，問道：「你為什麼不把叉子倒過來呢？如果你能用沒有鋸齒的那一頭來回擊，不就沒有事了？」

農夫滿臉無奈地說：「法官大人，如果當時那隻狗是倒著向我撲過來的話，我一定會那樣做。」

從這則幽默故事中，你看見了什麼道理？

無論自己抱持的理由多麼正當，在處理事情時，我們始終得就事論事，不能感情用事。換句話說，在處理人和事時，絕不能將不同的事物混爲一談，否則很容易偏離問題的核心。

法官問勃拉溫：「先生，你是不是經常對著自己養的狗叫喊『施密特』？甚至還經常對著狗說『喂！施密特，你這個大壞蛋』？你知道嗎？這行為是很明顯地侮辱了你的鄰居施密特先生。」

沒想到勃拉溫卻抗議道：「法官大人，您誤會了，我這樣做，其實是想羞辱一下我的狗。」

勃拉溫提出的理由，其中滿滿的情緒化回應，直接證實了他確實有心譏諷鄰居。又像農夫以叉子殺死惡犬的情況一樣，雖說是爲了自衛，但終究殺死了狗。既然有錯在先，自當負起責任，不要一味強辯。

延伸這些故事的寓意，便是要告訴我們，凡事要能勇於認錯，無論當時的背景情況如何，也不管當下有多麼強而有力的理由，結果是錯的，就不必多找藉口，先承認自身有錯在先最重要。

就好比第二則故事中的農夫，如果他能在第一時間承認：「是的，我殺了您的狗，請原諒我。」也許，對方會因爲誠懇的態度而選擇原諒，願意理解並包容農夫一時慌亂失手的結果。

眼前，你有難解的人際問題嗎？何不反求諸己，仔細想一想是否自己有錯在先，再試著鼓勵自己勇於承擔錯誤？

幽默地承認自己的錯誤吧！低頭道歉並不丟臉，身段越柔軟，我們越能擁有和諧的人際交流與合作關係。

再多掩飾也無法取代真實

面對生活、工作，不論有再多的包裝遮掩或偽裝修飾，我們最後還是要面對真實的自己。

「在正式上台表演時，請您一定要準備真的珍珠項鍊讓我配戴。」女演員非常堅持地說。

導演聽後，聳了聳肩膀道：「那好吧！今天這場戲中所有的道具我們全換成真的好了，第一幕的珍珠項鍊是真的，街道上的樹也用真的，椅子當然也會是真的……哦！當然最後一幕，你們要吞服的毒藥也會換真的！」

表演者爲了能更貼近觀衆、說服觀衆，總是力求逼眞，無論是服裝、背景或是劇情設計，無不竭盡所能地將之眞實呈現。

一般來說，演員們要求的「眞」，是像下一面這個例子。

有一天，導演相當興奮地對德隆先生說：「德隆先生，你扮演的傷兵角色真是維妙維肖啊！特別是臉上流露出的痛苦表情，實在太逼真了，你的確是個非常專業的表演者。」

沒想到德隆先生竟說：「當然逼真了，因為在演出前，我預先在鞋底放了一枚圖釘啊！」

導演一聽張大了雙眼，臉上滿是佩服的神情，接著不忘提醒他：「原來如此！你真不愧是位專業的演員，不過再來要拍攝奔逃的那一幕戲，你可千萬要記得把那玩意兒丟掉。」

一個是要求「眞實的治裝」，另一個是要求「逼眞的演技」，兩名演員的目的都一樣，同時對於「專業」的認知也一樣有所不足。

這就像報上曾經報導的，一位女作家爲了能將援交女孩們的感受和生活情況眞實呈現，竟親自披掛上陣，親身體驗援交的生活。這理由看似合理，可是眞有必要如此嗎？

正如第一則故事中女演員提出的要求，許多人總是想盡辦法給自己一個理由，用來強化「犯錯」的藉口，然而再好的藉口也會出現破綻，畢竟「錯」並不會因爲包裝精緻而變成「對」。

換個角度想，當女演員脫下「珍珠」，當德隆丟掉「圖釘」，當女作家回歸正常生活後，眼前的眞眞假假，對他們來說，不也成了「遺憾」和「空虛」的同義詞嗎？

無論是想借題發揮，還是藉物寄託，我們最終還是要誠誠實實地面對自己，所以在導演幽默地提醒德隆要拿出圖釘時，我們也讀到了其中的告誡：「戲劇只是一種生活或生命的仿製，並不可能完全取代真實的人生，面對生活、工作，不論有再多的包裝遮掩或偽裝修飾，最後還是要面對真實的自己。」

幽默將兩性距離更拉進

聰明幽默地活用生活之道，你我想要的幸福家庭，你我渴求的幸福伴侶，一定能時刻陪在身邊。

男人害怕女人嘮叨，女人苦惱男人不體貼，各有各的擔心，也各有各的煩惱不滿。然而，仔細思考其中存在的問題，不過是不懂得爲對方著想罷了。

男人想要女人不嘮叨，只需要多付出一點體貼的關心，至於女人們，若想男人多一點體貼，該試著少開口，沉默地給他一個深情的眼神，想要的溫柔回應必然轉眼可得。

哈利夫婦正在河邊釣魚，由於哈利夫人不會釣魚，只好坐在一旁，不斷地對著先生說話。不久，哈利先生釣起了一尾魚，在此同時卻聽見哈利太太這麼說：「唉，這魚真可憐！」

哈利先生聽了，翻了翻白眼，無奈地對著魚兒說：「是啊！要是你肯閉嘴，那就沒事了。」

聽了哈利先生的幽默回應，不知讓你得到什麼樣的啓發？

在這個帶黑色幽默的回應中，我們看見了夫妻之間常見的相處問題——缺乏對彼此的體貼心意，造成了埋怨、不滿。

不妨再看看下面這一例，然後繼續思考，必定更能明白問題所在。

有天，妻子對丈夫說：「親愛的，聽說男人禿頭，是因為用腦過度，你覺得是這樣子的嗎？」

男人點了點頭，說：「當然是呀！妳想想，女人為什麼不長鬍子呢？正是因為女人們整天喋喋不休，讓下巴運動過度的緣故！」

男人總說女人嘮叨，也害怕女人嘮叨，女人總說男人冷漠，更擔心遭男人冷漠對待。看似全是別人的錯，實則問題根源出在自己的身上。

例如哈利先生的故事，知道妻子不會釣魚，丈夫若懂得體貼，便應當詢問對方的需要，爲她安排適宜的休閒活動，那麼妻子的嘮叨自然停歇，兩個人之間也自然會因爲多了一份體貼心意，而更見感情增益。

同樣的，女人若期望男人熱情回應，也要知道男人喜歡與不喜歡的事，就喜歡的事多給予支持鼓勵，並減少他們不喜歡的情況。體貼地明白丈夫的心中盼望，聰慧地扮演好另一半的角色，他們自然會懂得回饋以熱情與疼惜。

其實，兩個人相處的道理並不深，我們常聽見的，總是那幾個簡單道理。只要能聰明幽默地活用生活之道，你我想要的幸福家庭，你我渴求的幸福伴侶，一定能時刻陪在身邊。

活得開心比較重要

不要讓小事困住，生命轉瞬消失，唯有抱持正確的態度與生活習慣，才能真正的擁有美麗人生。

用幽默詼諧的方式看待世事百態，不僅能讓自己輕鬆愉快，更可以在風趣的言談中，輕而易舉地化解那些惱人的事情。

當你面對一樁又一樁惱人的事，與其憤怒、抱怨、咒罵，還不如先讓放鬆緊繃的心情，再用幽默的方法表達自己的想法。

對你來說，是健康重要，還是名利比較重要？是生活得開心快樂重要，還是聽見他人的掌聲重要？

世間人常爲了追求一些可有可無的事物，而讓自己深陷原可避免的困境中，令人遺憾。聰明人都知道，名利不能長久，多數人聽後便忘，又何必爲了這些東西困住自己？

有位長壽的醫學教授臨終時，對身邊的醫生朋友們說：「我想告訴你們，我心目中三位最偉大醫生的名字。」

在場的所有醫生聽了，無不期盼這三個名字之中，能有自己。只見這位老教授緩緩地說：「這三位偉大的醫生，正是水、運動，和正常的飲食。」

很棒的答案，不是嗎？

所謂的健康生命正是如此——水、運動和正常的飲食生活，少了這些元素，就算讓我們多得一分虛名，多得一點財富，也沒有任何意義。

凡事皆有正面意義，只要不偏取負面的方向，生活自然得見成功的掌聲，一如下面這則故事。

十九世紀後期，在美國眾多的遊樂場中，菲尼斯．泰勒．巴納姆經營得最為成功。巴納姆憑著天才般的想像力與活力，將遊客的注意力吸納過來。

有一回，巴納姆找來一頭大象在他的農場裡耕地，而一位也是農場主人的朋友，看了很不以為然，說：「大象所能承擔的工作，與餵養牠的費用相比，你不覺得很划不來嗎？」

「我覺得很划算。」巴納姆回答。

在巴納姆的認知裡，大象是最適宜從事農地工作的動物了，然而他的朋友卻堅持這是毫無意義的事。

由於兩個人各執己見，互不相讓，最後巴納姆的朋友氣呼呼地說：「好！今天我倒要瞧瞧，你那隻大象究竟能拉起什麼東西？」

巴納姆微笑道：「你還不懂嗎？牠能把兩千萬美國人的好奇心拉到我這個遊樂場來啊！」

好一個「好奇心」，以此串連起第一則故事的中心旨意，從中可以看見人們常見的愚癡。

大多數人都習慣以單一面向思考，固執不懂變通，習慣選取生活中最無關緊要的選項，然後一天又一天受困於無謂的困惑中。

無論是大象也好，或能否成爲偉大名醫也好，只要腳步踩得踏實、充實，自己知道日子從未虛過，那麼眼前一切世俗名利，功過財富，都只是一件件不足提說的小事。

所以，應謹記教授的旨意：「生命轉瞬消失，唯有抱持正確的態度與生活習慣，才能真正的擁有美麗人生。」

親愛的朋友，忘了名利爭鬥吧！

只要懂得堅持心中夢想，笑看橫逆，知道自己的生命意義爲何，那麼無論我們以何種面貌或姿態出現世人眼前，都會是最耀眼的一顆星。

02 你的念頭決定你的生活

許多事都只是一個念頭轉動變化，
希望有什麼樣的生活，
便得讓自己朝什麼樣的思考方向。
心思幽默，生活必定更快活。

你的念頭決定你的生活

許多事都只是一個念頭轉動變化，希望有什麼樣的生活，便得讓自己朝什麼樣的思考方向。心思幽默，生活必定更快活。

心念轉動何方，便意味著未來我們得由那兒尋找收穫。如果我們的心念朝著悲觀的方向，未來自然會得悲哀的結果，反之，往樂觀的方向前進，你我的未來世界便能得樂觀希望的結果。

所以，我們應該時時保持警覺，更要多惕勵自己的心，朝向正念，進行樂觀思考。如此，最終定能得到圓滿豐收的好結果。

一名哲學系教授對學生們說：「一個傻瓜提出的問題，常常連十個聰明人也回答不出來。」

其中一位學生聽了，忍不住嘆氣：「唉！難怪我考試老是不及格。」

這名學生的反應，想必讓不少人莞爾一笑，回應當中不乏幽默嘲諷的寓意，只是到底是諷刺教授的思考邏輯，還是自我解嘲，恐怕得看聽者此刻心境爲何，各做不同解讀了。

這是一則充滿哲思的小對話，想分別聰明、傻瓜，還眞不容易說出答案，正如樂觀、悲觀之分，不過只是一個轉念。

教授問學生：「你能不能說出樂觀主義者與悲觀主義者的區別？」

學生說：「我知道，當兩個人共飲一瓶酒，喝到只剩一半時，樂觀主義的人會說『還有半瓶』，悲觀主義的人則會說『半瓶完了』。」

酒倒一半，對你來說，是「還有半瓶」，還是「只剩半瓶」呢？

生活中，許多事都只是一個念頭轉動變化，而得到的結果是好或壞，是否爲自身所預期或希望，端看抱持的念頭如何轉動，又轉向何方。

一如第二則故事中樂觀者、悲觀者的觀想態度，看似尋常的一念之差，實則深深地影響著未來。

由此延伸思考，你經常感到傷心難過嗎？你經常覺得這天地人事都對不起你嗎？或者，你總是感覺快樂開心，覺得能活在這個世界是件好事，滿心充滿著幸福感謝呢？

別問天地鬼神能給自己什麼，而要自問，我能給自己什麼？一如第一則故事中的宗旨，我們應當明白，思考轉動由人，希望有什麼樣的生活，便得讓自己朝什麼樣的思考方向。

心思幽默，生活必定更快活。

保持最真實的自己

不忘本我、不忘記真實感受的人，將不會有迷失的時候，因為無論世界如何變動，他始終保有最真實的自己。

其實，每個人的內心都保有一個最眞實的自己，只是爲了應付這個複雜的世界，不得不把最眞的自己鎖在閣樓裡。

然而這樣困鎖住本性，最終必會讓人變得越來越不開心。放輕鬆些，打開自己的心門吧！若不能遵照自己的本心前進，生活又有什麼樂趣可言？

自然老師正在為學生們講解各種昆蟲的特性，當他講到有一種小蟲子的壽命只有一天時，台下幾個孩子立刻開始竊竊私語。

老師馬上點名：「巴爾，你想說什麼呢？能不能和同學們分享？」

「老師，我覺得那種小蟲很幸運！」小巴爾朗聲說。

「為什麼？」老師不解地問。

「因為牠的一生都在過生日啊！」小巴爾天真地說。

多可愛的童言童語，如果你是老師，會怎麼回答？

在想像自己的答案時，我們再來看看以下另一則可愛的故事。

今天是拉吉卡第一次上游泳課，游了一小時之後，小拉吉卡忽然說：「教練，我今天能不能練到這裡就好？」

教練不解地問：「為什麼？」

「因為我已經喝不下去了。」小拉吉卡神情痛苦道。

多妙的一個「喝不下」，在孩子的思考世界裡，只有一個眞字，他們坦誠地面對自己的感受，也坦誠的地對人們表達心中所想。

如此眞誠的心思，正是大人世界所缺乏的。

又像下面這則故事，當多數人只懂掩飾心中矯詐時，孩子們依舊天眞地表達本我心性。

上自然課時，老師問學生們：「誰知道蘋果在什麼時候採收最好？」

有個學生很快地舉手，回答：「我知道！我知道！在農場主人把狗鎖起來的時候最好。」

他一說畢，教室內立即響起哄堂大笑。

無論是對小昆蟲天天都能過生日的羨慕，還是坦白已經喝不下池水，又或是誠實分享心中的取巧念頭，純眞童心都是成人世界僞作與矯情的對照。

很多時候，我們總是希望能得到聰明的答案，然而看似聰明的答案，往往存在著虛情假意的應付。

爲了能得到人們一時的掌聲，滿足虛華感受，有些人寧可放棄自己迎合他人，終至越來越迷失，失去個人獨特性。

一時的風光僅存在於一時，一旦放棄自己的本心，很快便會陷入可怕的困境中，漸至失去生命的方向。

想讓自己更幽默，學學孩子們的童眞純心吧！一個時時不忘本我、不忘記眞實感受的人，將不會有迷失的時候，因爲無論世界如何變動，他始終保有最眞實的自己。如此，他會懂得累積保有自我生命的獨特性，並時時刻刻以最眞實、幽默的面貌，贏得人們最誠心的掌聲與鼓勵。

心富足便等於坐擁萬貫財富

世上沒有真正醜惡的東西，只有人心陰暗面帶出的醜貌，這正應驗了相由心生的道理。

心靈充實的人，明白財富與富貴氣勢的虛假，也很清楚謙虛待人最引人著迷。想坐擁萬貫財富嗎？只要心充實富足，自然能成最富有的人。

正被金錢困住的人，其實眞正需要的不是利名，而是要尋求方法塡滿心中的空虛，讓精神富足，心靈滿足。

在某個晚會上，有位貴婦正在誇耀自己的富有：「我經常用溫水清洗我的鑽石，用紅葡萄酒清洗我的紅寶石，用白蘭地清洗我的綠寶石，再用鮮乳清洗我的藍寶石……」

這時，坐在她身旁的老婦人說：「這麼麻煩啊！我從來都不清洗的。」

貴婦好奇地問：「不然妳會怎麼處理？」

「很簡單，只要它們稍微沾了灰塵，我就隨手扔掉啦！」老貴婦說。

聽見兩個人競爭誇耀家財，不知道帶給你什麼樣的感受想法？從細心清洗到直接扔掉，顯示的不是貴婦們的傲人財富，而是她們心靈的貧瘠空乏啊！

以下，再舉一例。

有位貴婦優雅地走進一家帽子店，老闆見客人進門，連忙帶著微笑迎接：「早安，夫人。」

「早安！我想請問，櫥窗那兒有一頂鑲有紅花藍葉的帽子，不知道能不能請您把它取下來？」

老闆點頭，說：「好的，夫人，我很樂意為您效勞。」

客人有所要求，當然要立即配合，如此才是經商之道。雖然不少女人很麻煩，總是要看了很多頂帽子之後才能決定，有些時候還不一定會買，讓老闆疲於應付，但他仍不忘自我安慰：「要有耐心，這頂帽子放在櫥窗那麼很久了，我今天一定要把它賣了才行！」

老闆拿著帽子，恭恭敬敬地送到貴婦的面前，然後問道：「夫人，您想把帽子放在盒子裡，還是戴著走呢？」

「買？我一點也不想買它啊！我只希望你能把那頂帽子從櫥窗裡拿下來。我每天經過你的商店都會看見這頂醜陋的東西，實在很不舒服，所以想麻煩你把它拿走，放在我不會看見的地方。」

聽見貴婦很不客氣地要求老闆拿下帽子，不知道是讓你感覺荒唐滑稽，還是有些哭笑不得？

世上沒有真正醜惡的東西，只有人心陰暗面帶出的醜貌，這正應驗了相由心生的道理。

我們觀人事美醜，從來關乎自己的心，觀人事美，是因爲我們心態美，觀人事醜，當然因爲自己正心現醜惡的觀想，更因爲不能以寬容慈愛的心看待所致。

所以，想時時刻刻看見美麗，別忘了讓心時刻保有美善，也讓心情隨時保持輕鬆愉快。

財富僅能存於一時，每個人心中應當存有的，當是謙卑踏實的心思。懂得這個道理，即使素顏出現，人們也會看見你我臉上掛著滿心富足的美麗容顏。

幽默看待，才會自在愉快

不想心情老是蒙上憂愁，多學會放下工作的煩悶壓力吧！認真且幽默地看待一切，你我才可能擁有自在愉快的人生。

尚福爾曾經說過：「在所有的日子裡沒有歡樂的那一天，必定是最無謂的浪費。」

的確，懷抱針鋒相對的態度去面對那些惱人的事，生活只會充滿怒氣和戾氣，相對的，提醒自己用幽默的心情去面對事情，生活就會充滿盎然樂趣。

只要能保持心情愉悅，就不難發現，再棘手的事也能輕鬆面對；再怎麼令人抓狂的人，也沒那麼難搞定。

身體之所以會有病痛，許多醫生都說是人們的壞習慣造成。

仔細想想，你是否在做某些事情或工作時，常有煩悶的感受？

如果答案是肯定的，那便代表著你的某些習慣已經累積出疾病了，若不想造成可怕的病痛，請立即找出問題的根源，並積極改進修正，才能在最短時間找回健康的身心。

小亞對愛抽煙的小李說：「知道嗎？香煙的一端是火。」

小李毫不在意地問：「哦！那另一端呢？」

「另一端有個想自殺的笨蛋！」小亞冷冷地答。

你是想自殺的笨蛋嗎？

雖然說癮君子已然成癮，要改變並不容易，但還是應該爲自己多想想，畢竟生活中有許多壞習慣，最終會帶來可怕的病痛，而那最後要面臨痛苦折磨的人，正是自己。

因慣性而產生的問題很多，好像下面這個職業病症。

有個體形壯碩的男人因為長期失眠，到醫院請求診治。

「醫生，我最近很難入眠。」男子說。

醫生微笑地說：「放心，這不難解決，來，我先了解你的身體狀況。」

仔細地詢問病人的情況後，醫生說：「不用擔心，你只是有點輕微的神經衰弱，現在我教你一個方法，當你躺到床上以後，就開始默唸數字，從一數到十，反覆唸它，慢慢地你就會睡著了。注意，要堅持下去哦！」

然而，一個星期後，這男子又到醫院來了，且情況顯得比上次來時更糟。醫生吃驚地問他：「怎麼會這樣？你有沒有照我的話去做？」

病人用力地點頭，說：「有啊！我可是非常努力地執行，每天晚上一躺到床上，就不斷地從一數到十，可是只要一數到八，我就會忽然跳起來。」

醫生不解地問：「為什麼？」

「因為我的職業是拳擊手啊！」男子口氣哀怨地回答。

因爲慣性，也因爲壓力，讓故事中的男子遇見熟悉的「數字」便跳起來，連丁點放鬆機會也沒有。

從中延伸，思考生活中的各種壓力，我們常覺得一切已是習慣，應當不會影響自己的生活腳步或思考感受，然而一如上兩則故事的寓意，實際上正不自覺地帶著自己走進險境而不自知。

如果你渴望走出束縛與危機，請從現在起時刻檢視生活狀況，時刻省思自己的心境，並讓自己與幽默靠近。

聰明如你，想活得健康快樂，還是少抽根煙吧！不想心情老是蒙上憂愁，多學會放下工作的煩悶壓力吧！

認真且幽默地看待一切，你我才可能擁有自在愉快的人生。

把聰明機智用在正確的道路

聰明機智的人當然比較受歡迎，但若空有聰明機智卻不能用於正確的道路，總有一日會懊悔曾經走過的錯路。

人生在世，別爲一時的巧計應驗而開心，更不要因爲一時的成功投機而放心。別忘了，一切只存在於那一時一刻，世界仍繼續變動、轉變，投機者終會因爲踏得不實而跟不上變動，甚至失足跌落。

唯有眞心誠意、幽默包容的態度，才能讓我們踩著自信踏實的腳步前進，無論世界如何變動，始終都能以絕對的信心克服困境，繼續向前。

一位老闆在甄選公司未來的會計師時，出了一道最基本的問題，題目是：「兩

百萬加兩百萬等於多少？」

前面兩個面試者都毫不猶豫地說：「四百萬。」

結果，這兩人都沒得到工作。

當商人詢問第三名面試者時，只見對方立即站起來，把門關上並拉上窗簾，然後靠在桌邊，小聲地問老闆：「你希望它等於多少？」

商人聽了，微笑點頭，最後便由這位聰明的仁兄拿到了工作機會。

要說面試者聰明，還是機巧呢？

不同的角度得出不同的結論，畢竟在商言商，爲得工作機會，總是需要用一點巧智爭取，然而這是否爲正確的經商之道，有著極大的省思與爭議空間。

以下還有一則相似的幽默故事，一笑之餘，或許可供我們串連，深省經商處世的道理。

這天，藝廊主人正在招考新進員工，問眼前求職者的第一個問題是：「你有工作經驗嗎？」

「有。」求職者老實回答。

「那麼，如果我們不小心打碎了一個非常貴重的花瓶，你會怎麼處理？」藝廊主人問。

求職者想了片刻，然後回答：「我會把碎片重新黏好，然後耐心等待一位有錢的顧客光臨，跟著，我把它放在一個恰當的地方，以便……」

說到這裡他停頓了一下，然後才小聲地說：「以便讓故事重演。」

老闆聽了，微笑點頭：「好，你明天開始上班吧！」

在商言商，一切以自身利益爲最終考量原本無可厚非，然則若失了誠信與正念，如此經營心態，恐怕存在著極大的隱憂。

此外，就求職者來說，以這種巧智爭得工作機會，從另一個角度來思考，其實並不見得是好事。

畢竟，一切以利爲重的老闆，想來對員工也不會用眞心對待。

這世界是很現實的，不能誠實對待事業的經營者，自然在待人處世上也不會付出真心，在這樣的工作環境下，應當沒有多少人能夠真正久待。

聰明機智的人當然比較受歡迎，也比較容易找到出路，但從另一個角度省思，生活處處都有良機，若空有聰明機智卻不能用於正確的道路，時光終將虛度，總有一日會懊悔曾經走過的錯路。

慾望少一點，快樂多一點

生命無法重來，唯有把握此刻當下，及時改正錯誤的生活態度與觀念，繼續的人生之旅，方能笑看美麗的風景。

人總是希望能滿足心中一時的慾求，然而滿足了之後，必會發現慾望變得更難以控制，越來越積極向我們討索。

自此，我們將與幽默漸行漸遠，越來越不快樂。

少一點慾望吧！單純少慾，才能得到最純粹的快樂。

有個老煙槍因為長期抽煙，導致肺部出了狀況，經常感到噁心想吐，逼得他不得不找醫生治療。

醫生告訴他：「別再抽煙了，不然這個情況會越來越嚴重！」

老煙槍聽了，只好乖乖配合，但不久之後，他又來找醫師，說：「醫生，請你再幫我看一看，嘔吐症狀是不是由其他原因導致？」

醫師不解地問：「為什麼？」

「呃，因為我想，我如果能再嚼幾口煙草，抽幾根煙，也許能找到更多問題。」老煙槍說。

很妙的要求，卻也讓人忍不住感嘆，人們總是寧願以性命換取那麼一丁點的慾望滿足，仔細想想，多麼得不償失哪！

接下來我們再舉一例，或可得到更進一步的深思啓發：

有個男人說要戒煙好幾次，總是看不見成效。

這天，他又掏出了一根煙，神情愉悅地抽起來。

這時，身邊的好友立即提醒他：「喂，抽煙的壞處很多啊！這不只浪費錢，更傷身體。你在想抽煙的時候，不如買兩根冰棒來替代。」

「我早試過了，可那冰棒怎麼也點不著呀！」男子說。

冰棒點不著，那生命呢？

生命似長猶短，多向前走一步，長度也跟著減少一步，我們當然要以最積極的態度保護自己。

不是所有慾望燃起時都得幫它止渴，好的慾望我們可以積極迎合，好比爲求健康，反之，不好的慾望，比方對名利的渴望、只爲滿足一時口腹之慾的想望，便應當適時制止，因爲就算解得了一時之渴，也解不了後續無止盡的需求。

凡事應多爲自己著想，也多爲關心自己的人想想。

生命無法重來，唯有把握此刻當下，及時改正錯誤的生活態度與觀念，繼續的人生之旅，方能笑看美麗的風景。

適度諷刺不肯付出的人

對於那些不肯付出只知坐享其成的人，我們要逼著他們改正錯誤的生活態度，不應該一味地施予。

某處村莊，有很多懶惰的流浪漢常在街上乞討，他們不打理自己，也不工作賺錢，總是厚著臉皮伸手向人強索東西，百般無賴地向人追討。若是人們不給，他們便不放手讓對方離開，即使罵他們打他們，他們也一點都不在乎。

其中有個乞丐一天到晚到朱哈家光顧，這天，他又來敲門，朱哈走了出來，一看見又是那個流浪漢，不禁板起面孔，冷冷地問道：「你來幹什麼？」

看見朱哈的冷眼，流浪漢忽然臉色一變，以非常嚴肅正經的口氣說：「我是真主的客人。」

「原來是真主的客人，請跟我來。」朱哈說完，便要流浪漢跟著他走。

兩個人就這麼一直走到附近的一間清真寺門口，接著，朱哈轉身對著流浪漢說：「真主的貴客啊！這裡才是真主的家。」

好逸惡勞的人鮮少懂得自制自律，就算來到眞主面前，到底有多少人能眞正醒悟，又是另一個疑問。

其實，人們之所以走上歧路，多是因爲不肯付出辛勞，不願用自己的勞力換取所得。朱哈的舉動雖然表達了嘲諷，可是看著犯罪率居高不下也不是辦法，我們應該想個更積極的對策來解決問題。

據說曾有某個地方的犯罪率一夕之間劇減，這個情況讓不少人感到好奇，各界在仔細探究之後，終於查出原因。

原來，當地監獄貼出了這樣一則公告：「舉凡因為犯罪或有犯罪嫌疑而送入本處所者，從今日開始，食宿費用一律自行負擔。」

看到這則公告，你是否會忍不住鼓掌叫好？

曾經聽過這麼一則笑話：有個中年男子到某間便利商店偷東西，但是他和一般竊賊不同，拿了東西之後沒有立刻逃跑，反而坐下來，慢慢地把東西吃完，安靜地等著警察出現。

警察看見他後，第一句話竟是：「怎麼又是你啊？」

原來，不肯用心找工作的中年男子，認爲獄所裡有住有吃，吃不了苦的他爲了再過「好日子」，便再度犯罪。

將這則笑話與前段事例相連結，似乎找到了一個可行的犯罪防治法。

權利義務要平均分擔，對於那些不肯付出只知坐享其成的人，要逼著他們改正錯誤的生活態度。我們不應該一味地施予，而要杜絕乞者的貪婪索討，然後更進一步建立他們積極生活的能力與自信。

03

用歡笑代替氣惱

碰到尷尬的情況，用不同的情緒去面對，
就會有不同的結果，
用幽默心情帶過，笑聲可以解決氣惱。

把別人的噓聲變成掌聲

演講者面對惡意破壞所做的機智反應，由於幽默意味十足，也能造就演講的另一個高潮，讓人意猶未盡。

富蘭克林·羅斯福曾經說過：「幽默是人際溝通的潤滑劑。幽默能夠使激化的矛盾變得緩和，從而避免出現令人難堪的場面，化解雙方的對立情緒，使問題更好地解決。」

用幽默面對生活中的各種難題，無疑是最好的處世智慧，只要能用輕鬆的心情去面對不如意的事情，就能避免很多不必要的衝突、矛盾、爭論、對立。

美國專欄作家盧克瑟，某次參加匹茲堡新聞俱樂部午餐會。

會上他應邀上台講話。他首先站起來向主席道茲先生敬禮，然後問道：「我可以講多長時間？」

主席笑嘻嘻地說：「這並沒有限制，你願意講多久就講多久，就看您的興致了。不過，我們大家吃完飯就會自動離開。」

每個人一生中難免碰上幾次上台講話的機會，可能是教室裡、宴會上、辦公室，或者其他社交場合，這件事對於很多人來說，都是極大挑戰。

在演講中，因主題關係有時避免不了長篇大論，就算言之有物，也難免讓人感到疲倦，無法集中注意力，甚至私下聊起天來。這時候，適度穿插相關的「幽默」話題，才能讓人提振精神。

美國前國務卿季辛吉在某次宴會中致詞，當他發現底下一直傳來竊竊私語聲時，突然說：「各位外交官先生，你們的周圍都是新聞記者，說話得要留神；各位記者先生，你們的身邊都是外交官，對他們說的話別太認真了。」

這樣一句幽默的話，不但解決了噪音問題，還可以製造趣味氣氛，眞是一舉兩得。然而，並不是每個聽衆都有一定水準和度量，面對不喜歡的議題，可能做出不禮貌的反應，面對噓聲時，又該如何應對呢？

某次，英國作家查理斯·蘭姆應邀向公眾演說。在演說進行中，有幾個人故意搗亂，發出「噓噓」的怪聲。

作家說著說著突然話鋒一轉，說道：「據我所知，只有三種東西會發出噓噓聲，那就是蛇、鵞鳥和傻子。你們幾位能到台前來，讓我認識一下，是這三種東西的哪一種嗎？」

台下的噓噓聲頓時消失，同時爆出滿堂掌聲。

以子之矛攻子之盾，就是演講者面對惡意破壞所做的機智反應，由於幽默意味十足，也能造就演講的另一個高潮。最後，要讓演講漂亮結束，讓人意猶未盡，說幾句輕鬆話，能令人印象深刻。

「今天的愛情心理就講到這裡，只要照我說的去做，保證你們個個打光棍，當然這是絕對不可能的。」

「今天，我談了城市發展的未來前景，我堅信未來五十年後，在座的各位都有一輛小轎車。不過，今天還得委屈各位去擠公共汽車了。」

「今天晚上離開時，希望大家記住一件事——你的停車位置。」

講台上的幽默有太多的學問，最重要的，還是事前的準備。確定演講的主題、蒐集資料，了解自己的聽眾，不管是年齡層、知識程度、行業等等，都是事前必須做到的功課。

只要準備充足，再加上適度的幽默感，必能完成一場精采的演講。

不能開罵，就含蓄表達

面對不能直說的話，又不想昧著良心說謊，含蓄表達不失耐人尋味的方法，除了表現說話技巧外，也考驗聽眾的理解力和想像力。

一對剛結婚沒多久的年輕夫妻，在汽車旅館訂了一間房間，妻子在床邊發現一個小盒子，問丈夫說：「這是幹什麼用的？」

「如果你投下十元硬幣，」他一面伸手進口袋取出十塊錢，一面回答：「這床鋪就會震動。」

「別浪費！」妻子羞紅臉，笑著說：「我也會動。」

簡單的一句「我也會動」，暗藏無限春色，其中的刺激程度，就看每個人的想像力而定了！

把重點隱藏起來，話說得不明顯、有些模糊，卻能讓人明白意思，就是一種含蓄的說話方法，也是幽默的一大技巧。

從前有兩個腦袋不怎麼靈光的考生，相約一同上京趕考。

一天，兩人經過一座山，看見山上有一座廟，商量過後，決定燒香許願，求神明保佑他們高中。

廟門上方高懸著一塊匾，寫著「太祖廟」。不知怎麼搞的，這兩個考生卻誤看為「大姐廟」。

到「大姐廟」燒香許願，該供什麼呢？兩人想來想去，最後決定買幾尺上好的綢緞，請人做一套鳳冠霞帔，再買些脂粉和頭花來。

等到一切準備就緒，兩個考生馬上帶著這些供品走進廟裡。一看神像，他們兩個都愣住了，神位上坐的哪裡是大姐？明明是一位蓄著長鬍的紅臉大漢，手拿盤龍棍威風凜凜地坐在馬上哩！

其中一個人腦子轉得快，就說：「大概大姐有事外出，留下大姐夫看廟吧！」於是，他們一個給趙太祖塗脂抹粉，一個給趙太祖穿霞帔戴鳳冠。忙完之後，他倆雙雙跪下，禱告道：「願大姐夫保佑我倆金榜題名！」

轉眼到了三月三日，是王母娘娘設蟠桃宴會各路神仙的大日子，趙太祖也應邀前往。神仙們見趙太祖竟然這般打扮前來赴宴，都笑得彎腰，連頭上的帽子也被震得東倒西歪的。

趙太祖只好說：「我也不知是怎麼回事，只知道是兩個姓『白』的『小舅子』替我穿戴上的！」

身爲高高在上的神明，爲了維持該有的形象，就算趙太祖再怎麼無奈，也不能用「國罵」來發洩情緒。不過，他倒是含蓄的表達出心中無奈。姓「白」，實乃「白癡」也；「小舅子」，一方面自嘲自己「姐夫」身分，也再一次質疑兩個考生的智商出問題。

面對不能直說的話，又不想昧著良心說謊，含蓄表達不失耐人尋味的方法，除了表現說話技巧、水準外，也考驗聽衆的理解力和想像力。

最受普魯士國王腓特烈二世寵幸的一名宮女消失一段時間後，又在宮廷裡露面了，有關她消失原因的傳聞使她大為懊惱。

有一次，她向當時正借住在宮廷裡的哲學家伏爾泰抱怨：「他們議論我，說我離開宮廷是為了到鄉下生一對雙胞胎。」

「什麼也別相信，他們盡是胡說八道。」伏爾泰安慰她說：「別為那些謠言煩惱，在宮廷聽到的話，我只信一半。」

「只信一半」，一方面要宮女對傳言別太認真，另一方面也暗指，或許她真的躲起來生了一個孩子也不一定。

這樣說法可說是高明又幽默，讓人回味無窮。

善用文字遊戲，讓人無從抵禦

運用文字遊戲的方式，表達出更加令人深省的學問，顛倒有理，深度加倍，這就是幽默帶來的力量。

甲說：「世界上沒有絕對的東西，你說是嗎？」

乙答：「是的，你說的話絕對正確。」

文字的奧妙，能夠使很多語言在形式上是否定的，可是眞正的含意卻是肯定的。光明正大佔人便宜，對方卻莫可奈何，這是運用文字遊戲的最高境界。

美國著名小說家馬克·吐溫在小說《鍍金時代》裡揭露了美國政府的腐敗，和

政客、資本家的卑鄙無恥。

小說才推出就引起轟動，有不少記者前來訪問，當他們問到，對國會有何看法時，馬克・吐溫回答：「在美國國會中，有些議員是狗婊子養的。」

這句話一說出，所有報紙紛紛轉載，全國譁然，連國外報刊也刊登了這則消息。美國國會議員為此暴怒起來，群起圍攻，堅決要求馬克・吐溫公開澄清問題並道歉，否則將採用法律手段。

過了幾天，馬克・吐溫終於在《紐約時報》上刊登致聯邦議員的「道歉啟事」，內容寫著：「日前鄙人在酒會回答記者問題時發言，說：『美國國會中有些議員是狗婊子養的。』事後有人向我興師問罪。我考慮再三，覺得此話不恰當，而且不符合事實。故特此登報聲明，把我的話修改如下：『美國國會中，有些議員不是狗婊子養的。』」

世界著名繪畫大師畢卡索畢生反對侵略戰爭。

第二次世界大戰期間，德國軍人經常出入位於巴黎的畢卡索藝術館，這些不速之客當然受到畢卡索冷漠的對待。

有一次，畢卡索發給每個德國軍人一幅他的名畫「格爾尼卡」的複製品，這幅畫描繪了西班牙城市格爾尼卡遭到德軍轟炸後的慘狀。一位德軍軍官指著這幅畫問畢卡索：「這是您的傑作嗎？」

「不，」畢卡索嚴肅地說：「這是你們的傑作！」

馬克·吐溫表面是屈服於國會壓力，不得不寫了一則道歉啓事，但是實際上，那些議員再度被他嘲諷了一番，「有些是」，則表示有些不是，「有些不是」，則意味著有些是，結果都一樣，國會的議員的確是狗婊子養的。畢卡索則巧妙轉換角度，暗諷德軍帶來的戰後破壞。

運用文字遊戲的方式，表達出更加令人深省的學問，顛倒有理，深度加倍，這就是幽默帶來的力量。

看不清楚也是一種幸福

讓「幽默」成為我們的生活導師，凡事不要看得太清楚。知道重點就可以了，至於細節，就讓它笑笑帶過吧！

「我一向不喜歡過分好奇打聽你的私事，可是，有一件事已經折騰我好幾天了。」妻子對丈夫說。

「是嗎？那就說來聽聽。」丈夫說。

「上星期五，你收到一封信，信上有香水味，而且是女孩子的筆跡。你拆信時，突然頭冒冷汗，臉色發白，雙手發抖。看在上帝的份上，信是誰寫的？」妻子顯然懷疑丈夫有了外遇。

「我想咱們現在最好不談這件事。」

「看在上帝的份上，」妻子尖叫說：「告訴我是誰寫的？」

「那好，如果你真的想知道的話。」丈夫無奈地回答說：「是服飾店寫來的，說妳已經欠了三千九百元美金！」

每個人的人生，快樂跟憂愁只有一點點的距離，就像站在一扇門中間，你可以選擇往快樂走，也可以讓自己陷入憂愁。

故事中的丈夫選擇快樂，讓自己幽默地看待妻子的帳單。

幽默就像瞎子摸象，每個人摸到的地方都不同，感觸也不同。

有兩個瞎子一起走路，一邊走一邊聊天。其中一個突然問道：「你說世間最好命的是什麼人？」

另一個答道：「當然是我們瞎子啦！」

前一人跟著說：「對，明眼人終日勞碌奔波，尤其是農夫最辛苦，哪能像我們悠哉悠哉地過日子？誰也比不上我們好命啊！」

他們的話，被迎面走來的幾個農夫聽見了，心裡不服氣的農夫們便假裝成官員出巡，說他倆沒有迴避讓道，於是舉起鋤把他們各自打了一頓，然後吆喝而去。之後，農夫們又悄悄跟在他們後面，偷聽他們對話。

只聽見其中一個瞎子對同伴說：「到底還是瞎子好呀！要是明眼人不迴避官員，打了還要治罪哩！」

瞎子眞的好命嗎？或許對他們來說，的確有平常人所沒有的樂觀和清靜。因爲看不見，少了一點紛擾；因爲看不見，不愉快後反而能享受他人對盲人的禮讓；因爲看不見，在災害解除後，有加倍重生的喜悅。

讓「幽默」成爲我們的生活導師，凡事不要看得太清楚。知道重點就可以了，至於細節，就讓它笑笑帶過吧！

用歡笑代替氣惱

碰到尷尬的情況，用不同的情緒去面對，就會有不同的結果，用幽默心情帶過，笑聲可以解決氣惱。

有一個督學來到郊區一所小學視察，其中一班的學生特別吵鬧，讓他非常不高興。他氣沖沖地走進教室，抓住一個吵得最大聲、也長得最高的人，拉到教室外警告他說：「站著別動，直到你悔過為止。」

督學說完就走進教室，向其他學生訓話一番後，一個小孩走上前來。

「先生，」他說：「可不可以把我們的老師放了還給我們？」

試想，這位督學該如何應付這種尷尬場面呢？

如果他有點幽默感，就會設法適時幽自己一默，如果沒有幽默感，恐怕就得陷在難堪的窘境之中，不知如何是好了。

面對窘境，不妨試著發揮自己機智，如果你懂得發揮創意，勇於幽自己一默，許多難題都會迎刃而解。

幽默的形式有很多種，是無所不在的，事情發生的當下，或許不覺得有什麼好笑，甚至感到丟臉。一旦事過境遷，隨著心態轉變，幽默感發揮作用，就會讓你舒坦許多。

有兩家鄰居，一戶姓王，一戶姓李。王家媳婦聰明伶俐，常常受到鄰人的讚揚，李家媳婦聽了，總是酸溜溜的，心想：「哼，我比她不知聰明多少呢！只是沒人發現而已。」

有一天，王家媳婦見有人在家門打她家的耕牛，連忙趕了出來，對那人罵道：「我家這頭牛，是北京來的牛，你打死我的牛，我要你做我的牛！」

那人聽了，連忙向她賠不是。

李家的男人將這件事告訴了妻子，又誇獎王家媳婦一番。

李家媳婦不以為然地說：「這樣的話，誰不會說呀？」

過了幾天，李家媳婦見丈夫在家門前跟一個人打架，立即衝出門來，指著那人大罵：「我家丈夫，是北京來的丈夫，你打死了我的丈夫，我要你做我的丈夫！」

旁人一聽，笑得眼淚也流了出來。

有一天，張秀才去拜訪侯秀才，恰好侯秀才有事出了門，他正要告辭時，侯太太彬彬有禮地問：「先生貴姓？」

張秀才答道：「小姓張。」

侯太太又問：「是弓長張，還是立早章？」

張秀才畢恭畢敬地回答：「弓長張。」

侯太太跟著又問：「張先生用過午膳了嗎？」

張秀才點頭表示用過了。

侯太太見了立即端上茶來說：「張先生，茶粗水淡，您就將就用點吧！」

張秀才回到家裡，向妻子說起這事，稱讚了侯太太一番。

妻子不以為然地說：「這有什麼了不起的，難道我就不會說嗎？」

過了幾天，侯秀才來回拜，張秀才客氣地把侯秀才迎進門來，張太太趕緊上前問道：「先生貴姓？」

侯秀才回答說：「小姓侯。」

張太太跟著問：「您是姓公猴的猴，還是母猴的猴？」

侯秀才聽了，忍不住哈哈大笑！

如果家中有這樣的「寶貝蛋」，笑聲必會多過斥責聲。生活中的每一天，我們都會有喜、怒、哀、樂不同的情緒。碰到尷尬的情況，用不同的情緒去面對，就會有不同的結果。

弄「拙」了事不打緊，用幽默心情「巧妙」帶過，笑聲可以解決氣惱。

過於省略，容易造成誤會

說話過於簡潔也容易造成誤會，萬一犯了對方的禁忌，就不是一件好事。適當的言詞，才能產生適當的「笑」果。

有一個人要出遠門，又怕有人登門拜訪，就囑咐他兒子說：「如果有人問你令尊在否，你就說他有事外出，請那客人進來坐一會兒，為他送上一杯茶。」那人知道兒子一向很傻，怕他忘了，還特地將這三點寫在紙上交給他。

兒子把紙放在衣袖裡，常常取出來看，生怕忘了。可是到了第三天，連個客人也沒有，他認為這紙沒用處了，索性就燒掉了。

沒想到第四天忽然來了一個客人，問他：「令尊在嗎？」

他摸摸衣袖，找不到那張紙，就說：「沒有了。」

客人一嚇，急忙問：「幾時沒有的？」

他回答：「昨夜燒掉的。」

說話時，如果沒有注意前後主詞，就很容易鬧出笑話來，這也是生活趣味的一面。雖然要盡量避免這類型誤會，但是也不妨享受一下其中帶來的樂趣。

從前，有個酒鬼昏官，從來不問政事，一天到晚杯不離手。

某天，昏官在後堂喝得醉醺醺的，突然聽到有人擊鼓告狀，立即放下酒杯，踉踉蹌蹌地出來升堂。

一見擊鼓鳴冤的是個窮老百姓，氣他掃了酒興，昏官把驚堂木一拍，喝道：「公堂之地，鬼哭神號，成何體統！來人啊，給我狠狠地打！」

差役們七手八腳將那窮百姓拖下去按倒，一個差役舉起板子正要開打，突然又放了下來，轉身向昏官稟道：「老爺，打多少呀？」

昏官瞇著朦朧的醉眼，伸出三個指頭，不疾不徐地說：「不可多打，也不可少打，給我打三斤吧！」

有個年邁的父親為自己的呆兒子娶了一房好媳婦。拜完堂，入了洞房後，兒子覺得新奇又不知所措，就問媳婦：「呵呵，我該叫妳什麼呢？」

妻子又好氣又好笑，就回了一句：「閻王爺。」

熄了燈後，夫妻各睡一頭。妻子見丈夫毫無動靜，就用腳去勾他。呆兒被勾醒後，不知如何是好，只好向睡在隔壁房間的父親「討救兵」。他大喊：「爹，快來啊！閻王爺在勾我。」

他爹一聽是閻王勾魂，嚇了一跳，就大聲請求說：「閻王爺啊閻王爺，我兒子還年輕，我已經老了，要勾就勾我吧。」

從前有個農夫，為人老實憨厚，入贅給隔壁鄉一戶人家當女婿，鄉人都叫他做「姐夫」。

某一次，有個惡棍欺負他是外地人，就將他家的看門狗打死，拖去煮了吃。他氣憤不過，便要到縣衙門告官。臨走前，請村裡一名秀才替他寫狀子。秀才問他叫什麼名字，他說：「我自幼是個孤兒，連個名字也沒有，自從入贅後，大家都叫我『姐夫』，你寫『姐夫』就得啦！」

第二天早上，農夫來到縣衙門，把狀子呈上。縣官看了狀子，把驚堂木一拍，喊道：「傳姐夫上堂！」

眾衙役聽了，便齊聲吆喝著：「傳姑爺上堂！」

縣官一聽，勃然大怒，斥道：「我說傳姐夫，誰叫你們傳姑爺？混帳！」

衙役們慌忙分辯說：「既然是老爺的姐夫，我等就該稱姑爺啦！」

不管是「被燒掉」的父親、「打三斤」的板子、勾魂「閻羅王」，還是縣官的「姐夫」，這類說話過於省略而造成的笑話，常讓人忍不住哈哈大笑。

相對的，過於簡潔也容易造成誤會，萬一犯了對方的禁忌，就不是一件好事。適當的言詞，才能產生適當的「笑」果。

裝糊塗，才能扮豬吃老虎

真正的高手，是深藏不露的，把自己看得笨拙些，其實是一種更高明的境界，將智慧藏起來，才是大智若愚的幽默法寶。

有個北方人到南方做官，某次出席宴會，席上擺有菱角。他從來沒有見過這東西，便連殼一起放進嘴裡咬了下去，結果「啪」的一聲，牙差點沒咬斷。

同席有個人偷偷告訴他：「菱角要去掉殼才能吃呀！」

北方人知道自己出了洋相，連忙掩飾道：「我當然知道要把殼去掉，我之所以連殼一起吃掉，是想清清腸胃裡的熱毒呀！難道你們不知道菱殼有清熱解毒的效果嗎？真是沒知識！」

那個人聽了，好生奇怪，就問：「北方也有菱角嗎？」

北方人為了不失面子，繼續胡謅說：「這東西北方可多了，前山後山，遍嶺滿坡都長著哩！」

菱角是在水中生長的植物，北方人對菱角生長的描述，無疑是自曝其短。

再有學問的人，也不可能盡知天下事，面對未知的人事物時，必定要多點謹慎，先觀察情況，再決定下一步該如何應對。扮豬吃老虎，有時候也是大智若愚的幽默表現。

有個財主聽到許多關於阿凡提的傳聞，又看見那麼多人崇拜他，非常不以為然。於是，便騎著馬，趕了大老遠的路，就為了找阿凡提鬥智。

第二天上午，財主看到一位農人正吆喝驢子犁地，便大聲喊他：「喂，聽說你們這兒有個阿凡提是嗎？我是來找他鬥智的，你去把他叫來吧！」

農人慢條斯理答道：「阿凡提為人又狡詐，小心上當啊！」

財主沒好氣地說：「你快把他叫來，我就讓他出醜給你瞧瞧！」

農人高興地說：「好，你就在這裡替我看看毛驢和犁，我立即騎你的馬去把他找來！」財主一口答應，農人便騎上財主的馬，一溜煙跑了。

財主一直等到天黑，卻不見農人身影，只好騎上那頭慢吞吞的毛驢進城裡投宿。第二天一早，財主在城裡看見農人，大罵他是個騙子，農人笑道：「告訴你，我就是你要找的那個阿凡提呀！」

財主一聽，羞得無地自容，趕忙溜走。

漫畫劇情中，一個最常見的現象就是，越是能力差的對手，在開始作戰之前，必定大肆宣揚自己的能力！

眞正的高手是深藏不露的，愚蠢又自大的行爲，只會加快失敗的速度。有時候把自己看得笨拙些，自認糊塗，其實是一種更高明的境界。

幽默家並不把智慧放在臉上，而是將智慧藏起來，假裝癡呆，故說蠢言，這才是大智若愚的幽默法寶。

04

幽默回應，
可巧妙改變處境

與其軟弱地保持沉默、不知所措，
或者不近人情破口大罵，
倒不如巧妙改變自身處境，
可以讓人輕鬆解決問題。

傳達真情能縮短心理距離

幽默能縮短彼此的「心理距離」，用「真情」讓對方接受自己，端看你要動之以「感性之情」還是「憤怒之情」。

有個編劇應邀寫了一齣電影劇本，內容描寫一個偵探故事。

某天，編劇的老婆走進房間，發現他一動也不動地坐著，臉上流著兩行淚。

「老金被殺死了！」編劇對老婆說。

老金是故事中的主角。

「可是，老公，這個故事是你編的，你不是早就知道會發生這件事嗎？」老婆有一些疑惑。

「我知道，可是這個老人死得太慘了！」他哀傷地說。

感性的力量往往大於一切，就算是喜劇也能賺人熱淚。

當我們面對頑固的對象，無法以道理讓他接受自己的想法時，就應該對他「動之以情」，用感性來征服他。

當然，在這之前，必須縮短彼此的距離，打破對方的戒心和防備。這時候，幽默就是最好的方法。

美國著名作家馬克．吐溫在法國旅行。

有一次，他乘火車要到第戎去，上車後，覺得很疲倦，想睡覺一會兒，就囑咐列車員，火車到達第戎時務必叫醒他。他聲明，自己是一個酣睡之後就不容易醒的人，再三提醒列車員：「你叫醒我的時候，我可能會對你大發脾氣，不過你不要理會，無論如何，拖也要把我拖下車去。」

說完，馬克．吐溫就倒頭睡去。

過了一段時間，當他醒來，火車已經到達巴黎了，他肯定火車到達第戎的時候，列車員忘記叫醒他了，因而非常生氣，跑到列車員面前大發雷霆。

「在我一生中還從來沒有這樣發過脾氣。」馬克·吐溫說。

列車員平靜地看著他說：「先生，列車到達第戎時，我拖一個美國人下車，他對我發了一頓脾氣，你現在發的還不及那個美國人的一半哩！」

列車長把一個不該下車的人硬拉下車了！聽到這樣的回答，馬克·吐溫或許不知該氣還是該笑吧！

除此之外，「動之以情」還有另一種呈現手法，就是運用恐嚇手段！有些人「吃硬不吃軟」，愈是客氣，愈把你吃得死死的。恐嚇、威嚇，同樣是動「情」的方法，只不過是「憤怒之情」。

一個全身肥胖的紳士，邁著大步走到公車站牌旁的涼椅，在一個瘦小的男人旁邊坐下。

他無視於「禁菸」的標語，拿起一支特大號的香菸，問身旁的人說：「抽支菸，不要緊吧？」

「不要緊！」那男子提高音量說：「如果你惹我生氣也不要緊的話。」

最後一個回答，看似幽默，又充滿恐嚇意味，比直接教訓別人：「你眼睛長到背後去啦，難道沒看到『禁菸』標誌嗎？」要來的讓人接受。

幽默能縮短彼此的「心理距離」，用「眞情」讓對方接受自己，端看你要動之以「感性之情」還是「憤怒之情」。

幽默回應，可巧妙改變處境

與其軟弱地保持沉默、不知所措，或者不近人情破口大罵，倒不如巧妙改變自身處境，可以讓人輕鬆解決問題。

早上七點，丈夫悄悄從外面回來，才躡手躡腳打開門，就看見發怒的妻子正坐在沙發上等他。

「說，你打算怎麼解釋！」妻子問。

「喔，我昨天打電話告訴妳會比較晚下班後，便開車送女秘書回公寓，她還順便邀我上樓去喝一杯咖啡。」疲倦的丈夫說：「之後，她變得非常客氣，最後我們決定共睡一床。」

「你騙我，」太太大聲說：「你一定又跑去打牌。」

丈夫深知妻子是個疑心病重的大醋罈，就算說實話也不一定相信，所以選擇這個「誇張的理由」來做交代，眞正偷腥的人是不會自己報告的。

有時候我們會遇到一些難以解決的問題，可能找不到合適的回應，或者對方太煩人，又得和他和平相處，這時候將話題巧妙轉開，換個緩和的方式帶過，就能輕鬆解決危機。

劇作家蕭伯納因脊椎骨的毛病，打算從腳跟上截一塊骨頭來補損。手術之前，醫生見他是個名人，想趁機敲他一筆，於是對他說：「蕭伯納先生，這是我從未做過的新手術，費用會高一些。」

蕭伯納風趣地笑著說：「那好極了，你打算付給我多少試驗費呀？」

英國大版畫家兼名詩人威廉·布萊克一生製作了大量鋼版插圖，也創作過不少高水準的詩歌。如同許多藝術家一樣，他對藝術世界迷戀得近乎癡醉，常常沉緬其

中忘記現實。

有一次，布萊克和他的妻子凱薩琳模仿彌爾頓《失樂園》中描繪的情景，一絲不掛地坐在他們的花園裡，忘情地朗誦著《失樂園》裡的詩句。

這時，突然有客人來訪，看見對方尷尬神情，布萊克毫不窘迫地對客人喊道：「請進！這兒只有亞當和夏娃。」

愛因斯坦還沒出名的時候，有一次在紐約街上碰到一位熟人，那人見他衣著打扮寒酸，就問：「你怎麼穿得這麼破舊？」

愛因斯坦笑著回答：「反正這裡也沒人認識我。」

幾年之後，愛因斯坦成了科學界的「大明星」了，有一天，在紐約街頭，又碰到那個熟人。那人一見便驚訝地問他：「你現在怎麼還穿得如此破舊？」

愛因斯坦又是笑著回答說：「反正這裡的人都已經認識我了。」

行事風趣幽默的佛洛斯特是美國頗負聲譽的詩人。他的作品，筆調清新簡練，善於描寫自然風光。

有一年夏天，佛洛斯特到郊外一位朋友家中作客，晚飯後，客人們都到陽台上納涼。

佛洛斯特喜歡清靜，獨自拉了一張藤椅到角落閉目養神，一位衣著入時的女人走來對他說：「詩人，你看這晚霞，真美！還有這餘暉……」

佛洛斯特覺得這個附庸風雅、喜歡賣弄的女人實在太不識趣，便站起來躬身答道：「夫人，您說的是！不過，我在飯後向來不談公事。」

運用幽默的方式將目標轉移，不但不傷人，還可以讓對方理解和尊重，除此之外，也能讓自討沒趣的人停止無聊行爲。

與其軟弱地保持沉默、不知所措，或者不近人情破口大罵，倒不如巧妙改變自身處境，運用幽默的方式轉移話題，可以讓人輕鬆解決問題。

借力使力能簡單達到目的

為了爭取自身利益，用些小手段是人之常情，但是要小心自打嘴巴的情況發生，否則就會戲言成真，鬧出笑話來。

在這個紛紛擾擾的時代，人與人之間充滿著爭執、衝突、競爭、交戰，許多無謂的爭執衝突，都是溝通不良引起的！

想要提昇自己的處世競爭力，做人做事一定要講究策略和技巧，幽默的話語不只可以替自己解圍，同時也是輕鬆溝通的工具。

有位漂亮的少婦獨自在公園散步，覺得有些累，便在樹下一張椅子坐著休息。她看了看，確定四下無人，就把鞋子脫了通風。後來，乾脆把一雙玉腿也伸上椅子，舒服地躺了下來，毫不在意幾乎春光外洩。

過了一會兒，一個全身髒兮兮的遊民走近她身邊，笑著說：「親愛的，我們一起去散步好嗎？」

「好大的膽子，我可不是那種勾三搭四的女人！」少婦怒斥。

「那麼，妳跑到我床上來幹什麼？」遊民說。

很多事情的發生都有前因後果，受到不當對待時，仔細探究原因，通常和己身的行爲有關，就像蒼蠅會出現，必有吸引它的原因。少婦的確不是個隨便的人，但是她的行爲卻不夠謹慎，也難怪遊民會對她言語調戲。

抓住對方的把柄，進而借力使力，就能運用幽默感達成目的。

阿凡提小時候常常到老師家裡學習《可蘭經》。某天，阿凡提正在讀經文時，有個學生家長走進來，手裡提著一罈蜂蜜送給老師，阿凡提好奇地張大眼睛，想看看罈子裡裝些什麼。

老師發覺他在偷看，又不想把稀少又美味的蜂蜜和阿凡提分享，就連忙將蜂蜜放到碗架上去，然後嚴肅對他說：「阿凡提啊，這罈裡裝的是毒藥，任何人只要吃上一口就會立刻中毒死去，非常危險，千萬不可碰它！」

過了一會兒，老師有事出門了。阿凡提確定老師走遠後，就爬上碗架取下那罈「不知名」物品，打開一瞧，發現是蜂蜜時，口水直流，雖然想吃又擔心老師回來後會生氣，於是想出一條妙計。

他將老師的墨水瓶往地上一摔，弄得滿地碎片和墨汁，隨即取下那碗蜂蜜，又把別的學生送來的肉餅、烤餅和油條也拿了出來，蘸著蜂蜜津津有味地吃著。蜂蜜吃完，他又把碗舔得乾乾淨淨，放回原處。

直到太陽下山，老師終於回來了，看見滿地碎片和墨汁，生氣問道：「阿凡提，墨水瓶是你打破的嗎？」

阿凡提假裝難過又驚慌地說：「我知道自己闖了大禍，怕您懲罰，所以就喝下了那罈毒藥，想在您回來之前死去。誰知道，我等了又等都沒死，真不知道該如何是好呀！老師，您為什麼不遲點回來呢？再晚一點我就死了，這樣才能消您心頭的怒氣！」

老師一聽，馬上走到碗架拿下那罈蜂蜜，打開一看，果然被吃個精光，雖然心疼，卻無顏責怪阿凡提。

阿凡提不但幸運逃過一劫，還享受了一罈美味蜂蜜。

因爲欺騙在先，阿凡提的老師即使知道阿凡提只是假癡假傻，煞有其事地演戲，也找不到理由處罰阿凡提。如果一開始直接禁止阿凡提接近那罈蜂蜜，或許還有完好的蜂蜜等著自己享用。

爲了爭取自身利益，用些小手段是人之常情，但是要小心自打嘴巴、自取其辱的情況發生，否則假戲眞做，就會戲言成眞，鬧出笑話來。

靈活運用，幽默才會發揮功用

將不同的事物套在一起，用得好，可以幫助自己脫離困境；用得不好，一樣會有笑聲，不過可能惹惱某人。

一個剛學習駕駛的年輕軍官，把汽車開到十字路口時，號誌燈突然轉紅，汽車只好停在十字路口中間。

警察向他打手勢要他後退，但他不會倒車，只好把汽車繼續往前開。

警察對他吹哨，怒氣沖沖大步向他走去。

「這是一輛軍車，」軍官向警察解釋：「它只能前進，不知後退。」

軍官靈機一動的說詞，想必警察聽了也會哭笑不得。

幽默無時無刻存在生活中，很多時候都是現學現賣、隨機套用的。將不同的事物套在一起，用得好，可以幫助自己脫離困境，也可以製造歡笑；用得不好，一樣會有笑聲，不過可能惹惱某人。

有個人見兒子呆頭笨腦，決定帶他出門開開眼界，長長見識。

這天，父子倆一起趕集，路過一座小橋，父親指著橋下的流水對兒子說：「這叫細水長流。」

接著，來到一個村莊的村口，父親見一隻大黃狗抱著一塊骨頭在啃，又告訴兒子：「這叫狗啃骨頭。」

往前走了一段路，來到草灘上，遠遠就有一頭大牛跟一頭小牛犢在牴角，父親又說：「這叫大牛欺小牛。」

兒子從來沒有出過門，覺得所有的事情都很新鮮，大開眼界，長了不少見識。

父親很高興，心想這趟出門沒有白跑，就叮囑兒子說：「我告訴你的事，要好好記住呀！」

終於走到市集上，父親帶兒子到一家飯館吃飯。父親口渴得要命，才剛坐下就猛喝白開水，兒子見了就說：「爹，要細水長流呀！」

父親聽了非常高興，心想兒子總算開竅了，學的話一下子就能用上，喝這白開水比糖水還要甜。

喝完水，父親點了一盤排骨當下酒菜，兒子見他津津有味地啃著，不禁大聲地說：「看，狗啃骨頭啦！」

一旁的人聽了，捧著肚子大笑。

父親勃然大怒，猛地摑他一巴掌，兒子哭著說：「大牛欺小牛，嗚嗚！」

兒子的隨機套用，雖然惹惱了父親，卻充滿樂趣。

隨機的幽默，除了現學現賣，還有一種是利用一些與對方生活相關的事物，然後靈活運用，也能製造出打破沉默效果。

例如，某間學校的法律系上課時，教授發現少了幾名學生，便問班代：「這幾個人跑哪兒去了？」

班代站起來回答：「不知去向。」

教授聽了勃然大怒，大聲說道：「大膽，法律課也不上，如此『目無法紀』，快把名單列上來，不能讓他們『逍遙法外』！」

「目無法紀」和「逍遙法外」，都是法律上的常用詞，這個「法」卻有兩種涵義。一種是法律上的法，另一種是法律課的法。學生雖然犯的是「翹課」的法，教授卻巧妙連上「法律」的法，製造雙重的「笑」果。

生活中，我們也可以試著靈活運用，發揮隨機幽默，拉近自己和別人的距離。不過，千萬切記一點，要套用得天衣無縫才不會爲自己惹來麻煩！

笑看人生意外，使生活更愉快

用幽默的態度取代消極的情緒，與其因為受傷而自覺運氣差，倒不如從其中尋找一些樂趣。

有一個壽險顧問常常用以下的話提醒人們：「去投人壽保險吧。如果你的手指骨折了，可以得到一百萬新台幣；如果你的腳摔斷了，就擁有一千萬；如果頭破了或脖子被扭斷了，不用說，你將是本市最富有的人。」

生活中，不少保險業務員鍥而不捨的努力精神實在值得敬佩，但是推銷手法卻讓人無法苟同，似乎詛咒客戶出事的樣子，一下子預言跌倒，一下子會出車禍，這只會讓客戶不想再聽下去。

同樣推銷保險，故事中的壽險顧問卻讓人感到愉悅，就算所舉的例子更加恐怖，卻讓人輕鬆接受，因爲，他用幽默解除顧客消極的心情。

一九八八年九月中旬的一天，歷史上第一位被太空碎物擊中的人出現了，那是瑞典一名七十七歲退休老農民柏森，當時他正在瑞典南部一座森林中砍樹，突然被天上掉下來的東西擊中手臂。

柏森的傷並不嚴重，只是右前臂受了一點輕傷。

他將擊中自己的碎片帶回去，經過分析，證明它是從一顆人造衛星上掉下來的，但是這顆衛星到底是什麼衛星，屬於哪個國家，則無法斷定。

事情公開後，記者們競相採訪柏森，其中一人問他有什麼感想，他說：「幸虧擊中我的碎片不大，不然，我就不會活著證明這件新鮮事了。」

有一天，阿凡提的老婆替他洗好一件襯衣，在院子裡的一根木樑上晾著。傍晚，阿凡提筋疲力竭工作回來，走過院子，看也不看一眼就進了屋，倒頭呼呼大睡。

半夜他突然醒來，走到外頭打算小解，才準備踏出家門，就看見一道白色身影站在院子裡。

阿凡提直覺有賊闖入，就悄悄回到屋裡，從牆上取下火槍，瞄準白色身影開了一槍。因為天氣冷，襯衣早凍得像棒子一樣硬，卡嚓一聲從木樑上掉到地下。

槍聲驚醒了老婆，阿凡提見了她便說：「院子裡來了個賊，我打死他了，沒事了，妳繼續睡，屍首明天一早咱們再一起弄出去報官。」

天剛破曉，夫妻倆就走進院子，沒看見小賊的屍首，卻看見被打爛的白色襯衣躺在地上。阿凡提這才明白，那「打死」的原來是自己的襯衣。

阿凡提高興地對他老婆說：「老天實在有眼啊！要是開槍的時候，我自個還穿在它裡面，妳不就成了寡婦啦？」

人們面對意外發生，通常會有消極的情緒產生，一個消極的念頭，可能對人生歷程造成不良影響。

故事中的老農民不因天來橫禍而埋怨，反而爲自己能成爲第一位被太空碎物擊中的見證人而開心；阿凡提更是可愛，竟然爲了自己不在衣服裡頭而高興。兩人都能用幽默的態度取代消極的情緒。

與其因爲受傷而自覺運氣差，或是平白無故打爛一件衣服而大嘆不值得，倒不如像老農民和阿凡提一樣從其中尋找一些樂趣，畢竟樂觀、幽默的人比較受歡迎，日子也過得比較快樂，不是嗎？

癡人說蠢話，也是一種幽默手法

癡人說蠢話，其實也是一種幽默手法，只要能讓彼此從中得到樂趣，拉近彼此的，偶爾也可以用用！

老李的兒子小李，是國小三年級的學生。有一天，老李拿了小李的國文課本考兒子，一連問了九個問題，小李都答不出來。

老李生氣地說：「一問你三不知，要是以後再這樣，我就不給你飯吃。」

「什麼叫一問三不知？」小李問。

老李沒讀什麼書，哪裡能解釋這個典故，他只聽別人說過，便轉身問妻子，妻子也不知道。老李想了一會兒，硬掰說：「我想起來了，就是你不知、我不知，你媽也不知。」

眞癡眞呆的幽默，是幽默故事中常常使用的一種手法。其中的人物、對話、行爲，都非常誇張而且愚蠢，但是彼此都不知道自己的蠢言蠢行，只有讀者能一眼看出其中的荒謬之處。平常人應有的知識、常識中，在幽默故事裡卻成爲笑點，讓讀者在違背常理的情節中得到樂趣。

呆呆種的兩畝西瓜，長得又大又漂亮，任誰見了都忍不住流口水。一天晚上，有個小偷到他的瓜地裡偷瓜。

小偷剛摘下一顆瓜，就被呆呆抓住了，呆呆正想揍他一頓，轉念一想，又把拳頭放下，對小偷喝道：「你說吧，願打還是願罰？」

小偷忙問：「怎麼個罰法？」

呆呆說：「人家都說我呆，現在我把呆賣給你！」

小偷一聽，高興地說：「我願罰，願罰！」

呆呆點點頭，鄭重地對小偷說：「記住，我已經把呆賣給你了，從今兒起，你

就是呆呆！」

小偷暗自覺得好笑，連忙回答說：「記住了，記住了，我是呆呆！」說罷，轉身就想溜走。

呆呆立即將他叫住說：「如今你就是呆呆，這兩畝瓜田就是你的啦，還不留在這裡將瓜看住！」

一天，財主的兒子到鎮上辦事，回程看中了一架非常精美的雕花床，很想將它買下。誰知，他帶的錢不夠，於是立即回家去取，但是當他趕回來的時候，這床已被人買走了，不禁跺腳大嘆可惜。

賣主見狀，便安慰他說：「我還有一架更精美的雕花床哩，只是小了一點，客官不妨看看。」

財主兒子一看，這架小床果然比大的漂亮許多，高高興興地買了回去。

不過，這架小床真的很小，不管財主的兒子怎麼變換姿勢，就是無法完全躺下。

於是，他借來一把鋸子，忍著疼痛將自己的兩隻腳鋸了下來，然後試著躺下，床不長不短，正好合適。

正當他得意洋洋的時候，財主走了進來，得知兒子的愚蠢舉動後，氣憤地罵道：「你這畜生，太糊塗啦！雙腳鋸了留下兩個疤，腦袋鋸了只有一個疤，你怎麼不想想，一個疤勝過兩個疤呀！」

呆呆把「呆」賣給小偷，已經讓人覺得愚蠢，沒想到最後還將瓜田也給了小偷！富翁跟兒子的行爲，更是讓人目瞪口呆，把腳鋸了已經是不正常的行爲，原以爲富翁會說出一點有意義的話，誰知竟然是要兒子換成鋸「頭」！

現實生活中，雖然有些人物的言行舉止誇張又愚蠢，卻不讓人討厭，反而覺得他們笨得有點可愛。癡人說蠢話，其實也是一種幽默手法，在表層看來，純屬娛樂，深究探討，還是有其意義存在，只要能讓彼此從中得到樂趣，拉近彼此的，偶爾也可以用用！

藉蠢笑話，說出心中的話

想要諷刺別人，或是打破彼此之間的沉默，不妨試著藉著這類蠢笑話，說出心中的話，將會有不錯的效果。

自古以來，就有一些蠢人出醜的笑話，尤其以嘲諷上位人士居多，這些笑話在諷刺的同時，也是教導被領導的人民，要有判斷力，能分辨出是與非、對與錯，而不是一味盲從。

從前有個縣官，從來不理民間疾苦，天天飽食終日，把自己養得白白胖胖。有一天，他乘坐轎子外出吃酒席，兩個轎夫扛得汗流浹背，上氣不接下氣。

半路上，有個農婦正趕豬進城。

縣官見她養的豬又肥又大，便叫轎夫停下來，問道：「妳的豬長得這麼胖，餵的是什麼料呢？」

農婦答道：「農家哪有什麼好料，不就是野菜糟糠。牠們吃飽了就睡，睡醒了就吃，自然長得肥肥壯壯啦！」

縣官聽了把眼一瞪，斥道：「大膽刁婦，竟然瞞騙本官！豬如果不是頓頓吃山珍海味，怎麼會長得像我一樣胖？」

另一個縣官，判案糊裡糊塗，老百姓常常背地裡罵他「糊塗蟲」。糊塗縣官不知罵的是自己，反而責備捕役說：「老百姓天天在罵糊塗蟲，你為什麼不去捉拿？限你三天之內，捉三個糊塗蟲來，少一個也不行！」

捕役無奈，只好前去。

剛出城門，他就看見一個人頭頂包袱騎在馬上，便奇怪地問他為什麼不把包袱放在馬背上，那人回答，這樣做是為了讓馬省些氣力，捕役認定他是個糊塗蟲，就將他帶走。

轉身回到城門口，捕役看見一個人拿著一根長竹竿要進城，豎著拿無法進去，橫著拿也無法進去，急得滿頭大汗，也把他帶走了。

第三個糊塗蟲，找了半天也找不到，捕役只得先將這兩個帶回去。

來到公堂，縣官問明情況，對騎馬的說：「你頭頂著包袱騎在馬上，怎麼能減少對馬的壓力呢？真是個糊塗蟲！」跟著，他又對拿竹竿的說：「進不了城，為何不將竹竿截做兩段？你也是個糊塗蟲！」

捕役聽了大喜，連忙稟道：「第三個糊塗蟲也有了。」

縣官問他為什麼不捉來，捕役說：「等下一任縣太爺到來，我就去捉他！」

在明朝文人馮夢龍《笑府》的〈李老三〉一篇中，也曾做出和縣老爺類似的回答，而故事中的李老三卻是當地人信從的「智者」。在一群智力不夠發達的人民中，能提出一些方法的李老三，自然成爲當地人依從的對象。

在知識普遍、資訊發達的現代，人們有一定的常識和認知，面對「糊塗縣官」的政策，必有自己的看法和衡量，只不過，在混亂的世代中，人們可能因爲太多

「混淆視聽」的傳聞、或者認爲自己只是個「小人物」，不足以影響大局而讓自身權益受損。

要有自信，認識自己的價值和影響力，不管在任何環境，都有雪亮雙眼和清澈腦袋，別讓「愚蠢」的人牽著鼻子走。

相對的，想要諷刺別人，或是打破彼此之間的沉默，不妨試著藉著這類蠢笑話，說出心中的話，將會有不錯的效果。

說不清楚，認知會有錯誤

生活中利用文字遊戲可以製造幽默效果打破沉默，且較不容易冒犯別人。不過，遇上重大決定時，可就要「說清楚、講明白」了！

一個富翁過六十歲生日，地方上的紳士名流都帶著賀禮前往祝壽，富翁一名親戚在大門口擔任招待，負責代接賀禮和唱名。只聽他逐一高喊：

「教育界先進，王校長，請進。」

「政壇元老李議員，請進。」

接著，一個男人兩手空空地前來祝賀，招待皺了皺眉頭，隨即高唱：「空手『到』高手，請進。」

利用文字特性造成的幽默效果，可以增加說話的魅力，化解尷尬場面。不管是咬文嚼字、諧音新意，或者一字之差，都是文字幽默的特性。

千萬別小看這些小小的差別，它的影響甚至可以決定事情的成敗。

有個書呆子只會死讀書，常常鬧笑話。有一天，見父親嚎啕大哭，便問：「父親，何至如此？」

父親邊哭邊回答道：「家裡那頭水牛死了，沒牛耕地，靠什麼過活呀？」

書呆子勸了父親幾句，便到書房寫了一張告示貼在門外。鄰人聽見哭聲，不知他家出了什麼事，都趕來安慰，走到門前，只見告示寫著「我家醜死了」五個字，大家一見，一時沒了主意，只好回去。

父親哭過後，就動手把牛宰掉，書呆子見父親要賣牛肉，又立即寫了另外一張告示貼在門外。

過往的人見上面寫著「我家有醜賣」，覺得很奇怪，都圍來觀看。就這樣，告示招來了不少顧客，牛肉頃刻就賣光了。

書呆子見還有不少人圍來看熱鬧，又貼出一張「我家醜盡了」的告示。

圍觀的人愈看愈奇怪，就有人問書呆子：「你家到底出了什麼醜事呢？」

書呆子表示不曾出醜事，那人又問：「那你這三張告示寫的到底是什麼意思呀？」書呆子笑著答道：「你們連十二生肖也不懂嗎？子鼠、『醜』牛、寅虎……醜即牛也！」

有一天，龍王要到天上去參加王母娘娘的蟠桃會，臨走前才想起要交代夫人代管下雨，於是匆匆地對她說：「這次我要去好些日子，如果天旱，妳該下就下。」說罷，立即駕起一朵祥雲，直朝南天門飄去。

龍王夫人在家等了好久，還不見龍王爺回來，這時正好遇上旱災，她便改嫁去了。龍王赴宴回來後，見天下大旱，草木枯焦，暗暗吃了一驚，急急忙忙趕回龍宮。一進宮門，他就大叫：「夫人，旱情嚴重，趕快下雨呀！」

喊了幾聲，不見有人應他，他便氣沖沖地往內室跑去。誰知裡面空無人影，只見龍案上留著一張字條，上面寫道：「龍王陛下：我等您很久，仍不見您歸來，時逢天旱，我只好按您臨行時的囑咐，改嫁到山上去。」

龍王看了，不禁怒火沖天，後來細細回想一下，才明白是怎麼回事。原來龍王臨行時說過「如果天旱，妳該下就下」，龍王夫人聽錯了，以為他說：「如果天旱，妳該嫁就嫁。」

文字遊戲的幽默有兩種層次。第一個層次是無意間誤解別人的意思，做了錯誤反應，結果產生幽默效果；第二個是故意曲解別人的意思，製造幽默效果，「空手到」高手，就屬於這一種。

生活中利用文字遊戲既可以表達自己的觀點，還可以製造幽默效果打破沉默，且較不容易冒犯別人。不過，遇上重大決定時，可就要「說清楚、講明白」了，千萬別亂耍花槍！

05

懂得幽默，就能輕鬆溝通

很多遺憾萬分的事，都是起因於溝通不良，引爆點往往是微不足道的小事。

如果幽默一點，看著自大自捧的人表演，也是一件有趣的事。

遭到不平待遇，記得幽默反擊

面對難以解決的情況時，就將所有不快包在幽默話語中反擊回去，不但可以避免互相叫罵的場面，還可以宣洩情緒。

某個軍營裡，連長經常巡視食堂的狀況，檢查伙食，雖然歡迎士兵批評，但是實際上提出來也沒有什麼用。

有一天，中午推出的菜湯特別難喝，幾乎沒人想動碗。

連長見了便問：「大家對中午的伙食有沒有意見？」

「報告連長，有。」一個新兵大膽舉手說：「我的湯裡有一塊碎布。」

「我的湯也有。」

「我的湯裡有一顆鈕釦。」越來越多的新兵附和。

「報告連長，」這時值星官乾脆說：「要不要清點一下伙夫人數！可能有一個掉下鍋裡去了。」

生活中難免碰到使人不滿，或者無法在當下改變情勢的時候，這時候，幽默式的嘲諷就成爲最好的反擊武器，這種說法藝術可以讓對方尷尬、出糗，卻不能反擊，以免自打嘴巴。

杜羅夫是俄羅斯非常出名的馬戲團丑角演員，某一次演出的休息時間，一位觀眾走到他身邊，半笑著撇嘴問：「丑角先生，你非常受到觀眾歡迎吧？」

「還好。」杜羅夫謙虛回答。

「想要在馬戲團中受到歡迎的丑角，是不是就必須具有一張愚蠢且醜怪的臉蛋呢？」觀眾傲慢且自大的說。

「確實如此。」面對觀眾的嘲諷，杜羅夫一點也不生氣，回答說，「如果我能生出一張像您那樣的臉蛋兒，一定能拿到雙薪。」

英國首相邱吉爾常常受到來自各方的惡言攻擊。在一次議會上，一位女議員恨恨地對他說：「如果我是你的妻子，就在你的咖啡裡放毒藥。」

邱吉爾也馬上回答道：「如果我是妳丈夫，我就馬上把它喝下去。」

美國總統林肯從來不擺架子，有些事只要自己能解決，就盡量不讓別人代勞，包括一些日常瑣事也不例外。

有一天，某位外國外交官看見林肯在擦自己的靴子，便帶著嘲諷的口氣問他：「嗯，總統先生，你經常擦自己的靴子嗎？」

在這位外交官看來，總統自己動手擦靴子，未免有失體統。

林肯答道：「是啊，難道你經常擦別人的靴子嗎？」

某位參選議員落選後被說服參加那些曾攻擊過他的獲勝者招待會。最後請他發言時，他說：「我要向那些和我一同競選對手的誠實表示衷心祝賀，他們說過，任何一個最愚蠢的人都可以戰勝我！」

安妮·蘭德斯是美國《太陽時報》的專欄作家，以機智幽默聞名。在一次大使館的招待會上，一位相當體面的參議員向她走來，開玩笑說：「妳就是安妮·蘭德斯吧，說個笑話吧！」

安妮小姐毫不遲疑地答道：「你是政治家，說個謊話吧！」

諷刺式的幽默，可以沖淡不愉快的氣氛，以及不悅的心情，對付那些不懷善意的人，不但可以避免互相叫罵、耗損形象的場面，還可以宣洩情緒，甚至爲自己博得機智美名。

面對難以解決的情況時，就將所有不快包在幽默話語中反擊回去，以其人之道還治其人之身，尤其身處是非之地的人們，更需要具備這樣「用幽默打破沉默」的言談技巧，才能適時保護自己。

能夠自嘲就是充滿自信

只有自卑的人，才無法拿自己開玩笑，真正有自信的人，可以知道自己的優點，面對自己的缺點，並接受它。

一對夫妻翻著相簿，回憶當年認識的往事時，丈夫對妻子說：「親愛的，那時候的妳，擁有可口可樂般的身材呢！」

「親愛的，」妻子微笑答道：「我現在仍然有可口可樂的身材，只不過現在是兩公升裝的而已。」

外貌、身材常是人們最在意，也最容易被拿來開玩笑的話題。很多人無法面對自己的「不夠完美」，長期生活在被人當作話題的陰影下，不免自卑自棄。

遇到這種時候，就要設法用幽默化替沉默，只要能勇敢面對，在談笑裡像文中的妻子般自嘲，反而能淡化缺點，讓人覺得可愛。只要有自信，就會散發出喜悅氣氛，吸引他人的注意，這時要和人打成一片就更容易了！

從前有個百萬富翁，胖得像頭大肥豬。到了夏天，常常因為天熱難耐，只好躺在大廳上乘涼，可是就算大廳所有的門窗全都打開，他還是熱得渾身大汗，流個不停。富翁熱得受不了，連忙將僕人喚來，要他為自己搧風。僕人拿來一把大扇子，不停地替他搧著，他嫌不夠涼快，叫僕人出點力猛搧。

搧了半天，富翁才覺得心裡和身體的暑氣全消，摸一摸身上，半滴汗珠也沒有，不禁心情大好，笑著說：「咦，我的汗哪裡去了呢？」

僕人又累又熱，一邊擦著額頭上豆大的汗滴，一邊沒好氣地答道：「老爺，您的汗全都跑到我的身上來啦！」

美國幽默作家班奇利在報上發表的一篇文章中寫道，他花了十五年時間才發現

自己沒有寫作的才能。

有位讀者沒能體會出作家是以幽默的語言，表達謙虛的意思，竟十分認真地寫了封信給作家，在信中勸他說：「你現在改行還來得及。」

班奇利回信給這位讀者說：「親愛的讀者先生，來不及了。我已無法放棄寫作，因為我太有名了。」

拿自己開玩笑，面對自己的錯誤或缺點，不但可以幫助自己勇敢面對它，甚至能將缺點轉爲優點，就像歌手趙傳曾經唱過的一首歌〈我很醜，可是我很溫柔〉，反讓人留下深刻的印象。

一位獸醫半夜接到一個老太太打來的電話。

「對不起，打擾你了。我的兩隻小狗搞在一起，無法把牠們分開。」

「朝牠們身上澆桶冷水。」獸醫邊打哈欠邊建議。

「我已經這樣做過了，可是牠們根本不理會。」

「那麼……妳可以用棍子打牠們。」

「這個我也做過了，可是牠們依然如故。」

「好吧。」獸醫無可奈何地說：「把電話放好，抱牠們到電話旁邊，等會我打個電話給牠們。」

「這樣會有效嗎？」老太太疑惑地問。

「當然有！」獸醫回答道：「妳剛才就是那樣把我們分開的。」

獸醫爲了安慰自己閨房之樂被中斷的苦處，只能自我解嘲。

自嘲是一種圓融處世的幽默藝術，除了可以解決生活中大小不愉快的事外，還可以幫助自己更有自信。自嘲和貶低自己是不同的，是在不傷自尊的情況下，用幽默的態度面對自己的缺陷，讓別人了解，並且體諒。

適時的自我調侃可以化解尷尬場面，只有自卑的人才無法拿自己開玩笑，真正有自信的人可以知道自己的優點，面對自己的缺點，並接受它。

用幽默的方式拒絕讓步

拒絕之後也不傷害到彼此關係，就是一個成功的拒絕法，如果懂得讓幽默來帶領氣氛，說不，不是一件為難事。

現實生活中，我們常常拒絕別人，也常常遭到拒絕，懂得用幽默機智的方式面對，無疑是圓融處世的關鍵。

某間教會來了一個新牧師，為了鼓勵教友作禮拜，用了一種獨特的手法。

第一次對信徒們佈道時，他對大家宣佈：「如果你們不願意讓牧師到你家去看你，那麼每個星期天就要到教堂來。」

人都會有拒絕別人與被拒絕的時候，不管是哪一方，多少都會覺得尷尬、不好意思，不能避免這種狀況時，不妨讓幽默扮演其中的潤滑劑。

美國幽默作家馬克・吐溫聲名大噪後，許多想攀援附勢的人紛紛出現，每天登門拜訪的多不勝數，各式各樣的理由都有，說穿了就是為了和大作家扯上一些關係。除此之外，馬克・吐溫收到的信件多如雪片，除了仰慕他的讀者外，也不乏這類無聊人士。

其中最特別的，就是將自己的照片寄給馬克・吐溫，並聲稱自己和作家相貌酷似，以此要求作家回答問題，而且為數不少。

他們總是要求馬克・吐溫告知對自己印象如何，未來是否也能像他一樣成為知名人物等等各式各樣的怪問題。

馬克・吐溫非常討厭這些日漸增加的無聊來信，於是擬好一封回信，印製數份，分寄給每個詢問者，信中內容是這樣寫的：「先生，由衷感謝您的來信和照片。正如您所期望那樣，閣下的尊容比所有那些像我的人更與我相似。我感到非常榮幸地通知您：您之像我，甚至遠遠超過我之像我。每當我早晨修臉找不到鏡子的時候，自然而然就用您的照片來代替了。」

用恭維的方式拒絕對方，不但讓人心情好，又不會傷害到別人，甚至可以感受到自己獨特的幽默感。

有一次，海明威在哈瓦那的一場宴會上，遇到一個才無半斗，卻眼高過頂的作家。他纏著海明威交談，希望能攀點關係，好幾次海明威找藉口想脫身，那位作家卻糾纏不休。

直到宴會快結束，那位作家才向海明威表示他的願望：「海明威先生，我早就有心為你寫傳記了，希望你死了以後，我能獲得為你寫傳記的殊榮。」

海明威不喜此人，又不想撕破臉，就笑著回答道：「既然我知道你想為我寫傳記，就不得不設法活久一點了！」

海明威有一個習慣，就是躺在床上讀書、寫作。某一天早上，有個記者要來採訪，他向來不愛出風頭，可是又不方便拒絕，只好讓人請他到臥室來。記者進了臥室，看見海明威躺在床上沒有起身的意思，又找不到椅子坐，只好尷尬地站在那裡。

這時，海明威的太太走進來，看見了這種場景，便說：「你自己躺著，讓客人站著，這像話嗎？」

他想了想，折衷說：「好吧，叫僕人在這裡加個床位。」

海明威的拒絕方式，雖然有些戲弄，卻不失幽默。

拒絕他人，本來就不是一件容易的事，還要視對象拿捏自己的態度，該堅持的時候就不能讓步。這時候，就要運用幽默的說話方式。

拒絕之後不傷害到彼此關係，就是一個成功的拒絕法，如果懂得讓幽默來帶領氣氛，說不，不是一件爲難事。

幽默的態度可以避免正面衝突

幽默的態度能避免正面衝突，使爭執場面和緩下來，適時的自嘲則能化解緊張氣氛，把危機變為轉機。

幽默是化解衝突、爭執、對立最優雅身段，用幽默的心態看世事百態，不僅能讓自己輕鬆愉快，更可以在風趣的言談中，輕鬆地搞定那些難纏的事情。

老王在街上匆匆忙忙趕路，不小心撞到一位路人，兩人都跌倒在地。老王自知理虧，又怕對方罵人，便先說：「真是不好意思啊！我的眼睛不好，不僅近視，度數還破千，簡直就像個瞎子。您沒事吧？」

對方原本難看的臉色，一聽到他這樣說，便笑著道：「真巧！原來我們都是近視一族啊。我的眼睛也不太好！」

說完，兩人便大笑幾聲，互相扶持，和氣道別離開。

遇到問題時，如果對方氣在頭上，或者心懷不軌，正面衝突常常會導致更糟的下場。想辦法讓對方平息怒氣、轉移目標，甚至言行「自貶」，都不爲過，最重要是能自保。

路人被撞倒後，聽到老王的幽默自嘲，也就釋懷了。但是，有許多人被撞到的第一個反應往往是破口大罵：「你是瞎子，不會走路啊！」這樣不但讓雙方不愉快，也可能爲自己帶來災害。若能像老王一樣，開自己玩笑，雙方愉快和解，那就更好了。

美國費城盜賊猖獗，搶劫事件頻傳，人們為了保全自己生命，外出時都會準備幾塊美元放在身上，被劫時乖乖奉上，避免強盜搶不到錢憤而殺人。

有一次，著名心理學家湯姆遜外出辦事，回程時天色已晚，整條街上靜悄悄的，連個人影都沒有。

他摸一摸舊大衣內的兩千美元，心裡不免擔憂起來。

湯姆遜全神警戒快步走著，來到一處轉角時，突然聽到身後多了一道腳步聲，不管他如何調整速度，或快或慢，怎麼也甩不掉這個人。

藉著地上的影子，湯姆遜判斷對方是個高大的傢伙，自己毫無勝算。

突然，他急中生智，冷不防地轉過身，朝那大漢迎面走去，用淒慘的聲音對大漢說：「先生發發慈悲，給我幾個錢吧！我餓得快發昏了。」

戴鴨舌帽的彪形大漢打量著他，見他一副寒酸相，嘟囔著說：「倒楣！我還以為你口袋裡有幾百美元哩！」

大漢說完，隨即從口袋裡摸出一點零錢拋給湯姆遜，然後把衣領豎起來半遮著臉，很快閃進黑暗的角落去了。

傳說唐伯虎爲了躲避出仕，不惜廣納妻妾，敗壞自己的名聲；秦朝將軍王翦怕軍權過高，秦始皇對自己有所顧忌，三番兩次向秦始皇請求賜予田宅。

這種預防方法，雖然不免「污」了自己的名聲，卻能保住自己的性命，也算一種高明之策。

心理學家湯姆遜就是利用這種方式，讓搶匪以爲自己鎖定的大魚甚至比泥鰍還不如，連搶奪意願都沒有，甚至自認倒楣丟給他幾塊零錢了事。

幽默的態度能避免正面衝突，使爭執場面和緩下來，適時的自嘲則能化解緊張氣氛，把危機變爲轉機。

或許，向人賠罪或者自貶、自嘲，有損「形象」，但是只要想想，這麼一點「讓步」，看在對方眼裡，也必定能感受到你的心意，結果可以皆大歡喜，不也是一件美事？

創造驚奇，引起別人的注意

烙在心裡的第一印象是很難抹滅的，一開始給人好印象，就成功了一半，懂得用幽默的態度把握好第一次，就能擁有最美的結果。

一位年輕美麗的太太，陪丈夫參加校友聯歡會。

那天天氣很熱，他們開著一部敞篷車，途中，一隻黃蜂飛到她低胸的上衣前，在她胸口上猛螫了一下。就這樣，在這個週末的聯歡會上，她的「第三乳房」成為取笑對象。

五年後，時間好不容易使創傷平復，在丈夫遊說下，她再度參加校友聯歡會。在這次會場中，所有人都認得她，卻沒有一個人記得她丈夫。

很多事情都會被遺忘，只有「趣事」不容易消失，尤其是最初的印象。當我們第一眼就能讓對方感到「驚奇」、「好玩」，接下來就算進行的是無聊的話題，也會變得有趣。

不管是使用語言、姿勢，或肢體語言都可以引起他人的注意力，將幽默感注入「驚奇」，會有事半功倍的成果。

阿凡提擁有成群的兒女，生活開銷自然不少，全家常常處於衣食無著的狀況。有一天晚上，他站在院子望著天空自言自語，隔壁一個大富翁看見他奇怪行為，好奇的豎起耳朵靠近圍牆，想弄清楚阿凡提說些什麼。

只聽阿凡提大聲祈求著：「真主，您的寶庫是用之不竭的。為何不給每個窮人一千銀幣呢？要是給了，也不會減少您的財富呀！萬一您很吝嗇，就什麼都不要給，少一文我就不要了！」

聽清楚阿凡提話語的財主，心生歹念，想要捉弄阿凡提一番，於是用錢袋裝了九百九十九個銀元，隔著牆用力拋到阿凡提面前，然後悄悄爬到屋頂上看動靜。

阿凡提聽到物體落地聲，一看是個錢袋，就高興地撿起來，打開一數，還差一元才夠一千。

他以為掉了一個，便在院子裡仔細尋找，可是找來找去就是找不到，只好大聲地說：「真主，我想仁慈的您，是想給我一千銀元的，只不過因為事務忙亂才少數了一元。我沒有理由怪您，只好接受您的恩賜啦！」

財主聽見了，慌忙從屋頂上喝道：「那錢是我的，快把錢袋還給我！」

阿凡提說：「真主救濟窮人的錢，你也想吞掉嗎？」

財主急得快哭出來，忙著解釋：「你剛才說要真主給你一千銀元，少一文也不要的，所以我想試探你一下，才拋給你九百九十九個銀元。阿凡提，我這是開玩笑的呀！」

阿凡提笑道：「原來你在跟我開玩笑，不是真的想奪我的錢，那就謝謝你，再見囉！」說罷，立即跑回屋裡。

仔細推敲，阿凡提眞的在向上天祈求恩賜嗎？

當然不是，他只想藉著奇怪的動作和有趣的言語引起富翁注意。等到富翁上當後，在半開玩笑半認真的情況下把錢納爲己有。

烙在心裡的第一印象是很難抹滅的，一開始給人一個好印象，就成功了一半。如同電影預告片，總是剪輯最精采、最有趣的片段引發人們觀看的慾望。

說話的藝術也是如此，和陌生的朋友、客戶碰面，只要懂得用幽默的態度把握好第一次，就能擁有最美的結果。

懂得幽默，就能輕鬆溝通

很多遺憾萬分的事，都是起因於溝通不良，引爆點往往是微不足道的小事。如果幽默一點，看著自大自捧的人表演，也是一件有趣的事。

幾對年輕夫妻聚在一起聊天，其中一個男人說：「夫妻之間不能談真理，因為真理太冷酷了。」

話才剛說完，他的妻子便跳了起來，大聲反駁：「怎樣，你有什麼不能和我談的？你和我應該要無所不談才對！」

這個男子看著怒氣沖沖的老婆，仍然帶著微笑說：「各位請看，我剛才說的話當場應驗了。」

世界上要找到一對性格完全契合，不會有任何爭吵的伴侶，幾乎是一件不可能的事，尤其在這個年代，獨立人格被重視，兩人的關係若建築在其中一方的忍氣吞聲，這份感情必定有所缺憾。

但是，爲了找到契合的另一半，在擇偶或者選擇來往對象前，都要先合八字、命盤，才能進一步交往嗎？

如果眞是這樣，到時候累死的肯定是自己。

會起爭執必定事出有因，最大的問題就在於溝通不良，再加上彼此欠缺幽默感，固執、不肯讓步，事情才會一發不可收拾。

從前有對夫婦，兩個都是有名的吹牛大王，常常因為誰也不肯讓誰而鬧得天翻地覆，人仰馬翻。

有一天，妻子口沫橫飛地對丈夫說：「牛皮不是吹的，泰山不是堆的，天下最了不起的是我們女人家，連山也能扳倒呢！」

丈夫不信，妻子振振有詞說：「你說婦人的『婦』字是怎麼寫的？不是一個

『女』字加一個倒山嗎？這就說明婦女能扳倒山啊！」

丈夫聽了也不甘示弱，回嘴說：「這有什麼了不起的，我們男子漢更厲害，天也能通哩！」

妻子不相信他的話，說他吹牛，丈夫得意地答道：「你說丈夫的『夫』字是怎麼寫的？不是『天』字通上去嗎？這就說明丈夫能通天哪！」

就這樣，兩人吵了起來，都認為自己有理，不肯讓步。吵到最後，甚至動起了拳腳，結果就這樣鬧到公堂上。

縣官在吵吵鬧鬧中，好不容易聽清楚兩人的問題，翻遍刑律，卻怎麼也找不到吹牛該當何罪。正在著急時，靠吹牛進到衙門的師爺在一旁見了，怕他們倆將來強過自己，趕緊寫下幾行字給縣太爺：

媳婦扳倒山，丈夫能通天。

兩人若留後，禍患不堪言。

不如早動手，打發下黃泉。

縣官看罷，糊裡糊塗拿起硃筆，在後面批上「立斬」兩字，真的打發這對夫婦到黃泉去了。

爲了一丁點小事而喪了命，實在可惜。想必他們夫婦倆到了黃泉，連閻羅王都會受不了。可是在生活中，類似這樣的事情還眞是層出不窮，很多遺憾萬分的事，都是起因於溝通不良，引爆點往往是微不足道的小事。

如果每個人都要把自己的見解強壓在別人身上，不管對方接不接受，也不管對方反應爲何，那麼紛爭永遠不斷，不論關係親如血緣，或是只有泛泛交情，起衝突只是時間早晚的問題。

如果幽默一點，能換個思維，就當對方是在「吹牛皮」，笑笑地姑且聽之，那麼問題根本不會產生。

退一步海闊天空，看著自大自捧的人表演，不也是一件有趣的事嗎？

用誇張的幽默打破冷漠

「誇張幽默」有恐嚇意味，但是換個角度想，這也是一種另類關懷法，可以打破橫阻於彼此之間的沉默與冷默。

想要改變對方的心理，有時候必須使用幽默的話語。互動、溝通過程中，幽默無疑是最強大的說服力量，既可以讓人會心一笑，更可以讓自己的訴求更加有效。

馬來西亞柔佛市的道路旁，到處張貼著交通部製作的海報，上頭寫著：「閣下駕駛汽車，時速不超過三十英哩，可以欣賞本市的美麗景色；超過六十英哩，請到法庭做客；超過八十英哩，歡迎光顧本市最新醫院；上了一百英哩，就踏上通往天堂之路！」

墨西哥一個邊境小城市入口處，也懸掛著一些醒目又幽默的交通告示：

「請司機注意，本城一無醫生、二無醫院、三無藥品。」

「不要拿生命做賭注——這是你唯一的王牌。」

「此處已摔死三人，你願意做第四個嗎？請加速向地獄飛奔吧！」

對於交通安全的勸導，說再多好話也沒用，只有用誇大的「死亡標語」才會讓駕駛員多一點警戒。

誇張的幽默，不但讓人印象深刻，也可以忘卻痛苦，添一點樂趣。正確來說，就是將「痛苦」提出來，用誇張的手法將它放大，再去看它時，就會有不同的感受，讓人因此轉移注意力，避免繼續鑽牛角尖。

從前有個人，自小做事就是隨隨便便、馬馬虎虎的，嘴裡老是說著這樣一句口頭禪：「三九二十九，大數勿走，差不多，差不多！」因此大家都他叫「差不多先生。」

有一天，鄰居見差不多先生家裡的一堵泥牆快要倒塌，便勸他趁早拆下重修，以防不測。可是，他只用一根木頭撐一撐，說道：「三九二十九，大數勿走。何必花費，這一撐也就差不多啦！」

話才剛說完，「危」牆轟地一聲塌了下來，把他壓在底下。

差不多先生的傷勢很重，老婆叫孩子去請醫生，一會兒孩子回來說：「醫生到外村出診了，晚上才回來。」

老婆著急地問：「還有別的醫生嗎？」

孩子答道：「醫生倒還有一個，可他是個牛醫。」

差不多先生聽了母子兩人的對話，勉強開口說道：「趕快把他請來，醫牛跟醫人其實也差不多……」

就這樣，牛醫被請來了。他用醫牛的方法替差不多先生醫治內傷，不但沒有把他治好，反而使病情加劇。

眼看差不多先生快死了，老婆孩子個個哭成淚人兒，差不多先生卻用最後一點力氣說：「別傷心……死人跟活人除了少一口氣……其他的也差不多……」

看完了差不多先生的遭遇，讓人很難爲他感到難過，甚至會想大笑，誇張的幽默可以讓人放鬆心情，不再執著於「死亡」這件事。

有時候人們會認爲，「誇張幽默」有恐嚇意味，但是換個角度想，這也是一種另類關懷法，可以打破橫阻於彼此之間的沉默與冷默。面對誇大又好笑的「安慰」，至少有一半的憂慮會被笑聲趕走。

試著欣賞、運用誇張的幽默，它能帶你走出人際交往的困境。

06

用幽默的態度看待惱人的小事

恩怨情仇皆是生活中的小事，
想擁有一段幸福圓滿的人生，
就該幽默以對，
別再讓生活中的小事困住自己。

用幽默的態度看待惱人的小事

恩怨情仇皆是生活中的小事，想擁有一段幸福圓滿的人生，就該幽默以對，別再讓生活中的小事困住自己。

沒有人不希望生活時時充滿歡樂，日日爲陽光普照。

如果你想擁有這一切，請記得，一切從放下仇恨、擁抱幽默、學會寬心待人開始。慢慢地，我們終將感受到心情的歡喜幸福。

有個人被狗咬了一口，卻一直沒有好好治療傷口，只見傷勢越來越嚴重，好一段時日都無法痊癒。他終於感覺事態嚴重，這才去看醫生。

醫生看了一眼，便叫人牽來一條狗，因為必須確認一件事——這個人是否正是被這隻患有「狂犬病」的狗所咬。

確認後，醫生立即幫他注射血清，但似乎拖得太久了，為時已晚。無可奈何下，醫生只好安慰他看開一些。

這個人聽完，呆了很久，跟著卻坐在看診室的桌旁，振筆疾書起來，醫生忍不住安慰他：「其實，我只是說可能不會好，情況也沒有非常惡劣，你還不必現在就立遺囑。」

「我不是在寫遺囑，我只是想列出那些該讓這隻狗也咬上一口的人的名單。」男子回答。

知道惡犬有病，男子掛念的卻不是自身安危，反而期望著仇人、敵人也能有相同的遭遇，如此心態，眞不知道該說他可悲，還是他的敵人可憐。

一個惡棍死了，死者為大，大家即便不喜歡他，還是來參加他的葬禮。

然而，葬禮上所有人全都靜默不語，神父忍不住問：「對於死者生前的一切，在你們心中，難道真的沒有留下丁點美好記憶？」

大家聽了，你看看我、我看看你，片刻之後，一個理髮師說了：「有，由於他的毛髮稀疏，每次刮他的臉總覺特別容易。」

每個人來到生命盡頭，總少不了一絲善念興起。所以，面臨生命危機，面對仇恨的人死去，何不學會寬容？

走到最終的時候，心中如果依然想著恨與怨，只是徒增不必要壓力，讓人生更顯悲情。

人生應該往前看，我們心中該存有的，不是爲何仇恨的人不死、不病，而要感謝他們讓我們明白必須更疼惜自己。面對已逝的仇恨，我們該做的不是開心歡喜，而是要感慨生命的短暫，然後更努力把握現在。

恩怨情仇皆是生活中的小事，想擁有一段幸福圓滿的人生，就該幽默以對，別再讓生活中的小事困住自己。

給自己一個「優質」人生

聰明如你，想必此刻正認真省思著，自己的人生是只需及格分數，還是積極地想得一個「優」？

生活好壞常常由態度決定，人生際遇也經常隨態度轉換變化，若思維能鎖定於正向，你我的腳步自然會走向正面積極的目標。思考常入悲觀灰暗，心靈自然會悄悄引著我們，走向悲慘人生。

有位就讀於二年級的大學生，寫了一份〈論莎士比亞創作〉》的報告，教授給了他一個「優」。

作業發回不久，教授便要求這位學生到辦公室與他談談。

學生立即前往，教授一看見他，便說：「你大概不知道，我也是畢業於這所大學，也是住在你現在住的那間宿舍。而且，我們還保存了以前校友的考核作業，目的就是想在需要的時候便利地翻閱參考，我相信你都曉得。」

「我應該說，你很幸運，因為你一字不差地抄襲了我過去所寫的一份關於莎士比亞的報告。」

教授說到這兒，只見學生滿臉驚恐地看著他。

「當然，你一定會感到吃驚，也非常好奇我為什麼會給你『優』的等第。孩子，那是因為當年我那保守的教授只給我『及格』兩個字，但我總覺得自己應當拿到『優』的。」

好的老師不只能給學生好的指導方向，更懂得保全學生的尊嚴。就好像故事中的這位教授，明知道學生犯錯，但他並未直指其過，反而是以更寬容、幽默的方式來糾正錯誤，讓對方明白好壞之間，其實相當主觀，而對與錯的差異，也只在一個小小的念頭轉換。

下面還有一段有趣的師生對話，從中我們更可以理解一個道理——好的教育技巧，能帶動學生們的創意。

某間學校的學生們特別喜歡音樂課，因為任教的音樂老師非常幽默風趣。

有一次考試時，他出了這樣一道題目：「巴哈有二十個孩子，因此他一生中把大部分時間花在『　　』上面。」

老師留下空格，要學生們填寫正確的答案。

調皮大膽的學生，紛紛寫下「床上」的答案，有些學生則比較嚴肅，回答是「德國」，當然大多數的人都認為是「作曲」。

但是，最終卻沒有一個人答出正確答案，於是學生們著急地詢問老師，正確答案是什麼。

老師笑著回答：「還債。」

聽聞前述問題時，你心中出現的是什麼樣的答案？

無論你的答案是什麼，都必定是個好答案。人生許多課題沒有絕對的錯與對，一如第一則故事；而透過第二則故事的引導，則讓我們更加明白，每個人都會有出錯的時候。

錯誤本身是很單純的一件事，更重要的是我們的自省能力高低，是否懂得從中反省，進而引領自己走向正確的道路。

故事極爲簡單，但寓意省思由人，想得深刻，我們便得深刻啓發，若只懂輕輕帶過，得到的當然不會多。聰明如你，想必此刻正認眞省思著，自己的人生是只需及格分數，還是積極地想得一個「優」？

話說得巧，效果會更好

一百分還是零分，極可能導因於學習態度的差異，把話說得更巧，多以正面鼓勵的方式展開教育，孩子自然會表現得更好。

生長在經常傳遞悲觀念頭家庭裡的孩子，態度自然悲觀，反之，生活在陽光積極家庭的孩子，時刻都懂得展現陽光活力，當然較具幽默感。

爲人父母，要小心謹慎自己的一舉一動，常用巧妙的話語和孩子溝通，因爲孩子的未來與學習態度好壞，取決於家庭教育的成敗。

湯姆手裡拿著試卷，怎麼也答不上來，便在試卷上寫道：「上帝曉得，我不知道。祝老師耶誕快樂！」

過了幾天，老師把考卷交給湯姆，上面的批語是：「上帝一百分，你零分。祝你新年快樂！」

老師的幽默批語，想必逗得不少人發笑，仔細想想，這位老師不也挺棒的嗎？他沒有以斥責聲來糾正學生的過錯，反而以幽默回應提醒學生，間接達到正面的教育目的。

教育事業原本就不是容易的工作，但若能幫助孩子走向正確的道路，便是極快樂的事。不過，也不能一味地只想靠學校老師的幫助，別忘了，家庭才是孩子最重要的學習根源。

一位父親正在和老師談論兒子的學習情況，說道：「老師，請您告訴我，我兒子的歷史學得怎樣？唉，回想我當初唸書的時候，其實很不喜歡這門課，考試總是不及格啊！」

歷史老師說：「原來如此，那歷史恐怕正在重演。」

我們可猜得，這位父親必定經常給孩子相似的訊息，讓孩子知道他的歷史總是最差的。在潛移默化下，孩子自然而然地會以父親爲準則，允許自己歷史成績上的不足。

別以爲不可能，回想我們過往的經驗，家人若在某一方面表現突出，自己不也會跟著模仿學習，並積極地以此作爲換得鼓勵掌聲的途徑？

所以，常給自己肯定，也常給孩子肯定，這才是應當建立的教育態度。好像前述故事中的父親，若能傳遞正面訊息，讓孩子明白歷史的趣味，甚至是幽默的自我解嘲，相信孩子會以更積極正面的態度進行學習。

一百分還是零分，極可能導因於學習態度的差異，把話說得更巧，多以正面鼓勵的方式展開教育，孩子自然會表現得更好。

美醜真假只在幽默的一念

幽默看待萬物，便可得深刻的生活禪思。何妨給自己一點空間，以單純眼睛看世間？從此觸目所及，必無一不是美麗真實之境。

在某些人眼中相當美麗的事物，對某些人來說卻可能醜陋不堪，正如有些眞相，對某些人來說，是根本不存在的假象。之所以有這些差別，問題不在事物本身，而在你我的一念。

別忽略了自身心念的寬度，懂得包容世事，懂得寬待萬物，將幽默態度落實於生活，慢慢地我們都將明白，這世界只有眞與美。

小孫子問教授爺爺：「爺爺，為什麼你說一切假的都是醜的？」

「那當然嘍！難道你能舉出相反的例子嗎？」爺爺問。

「可以啊！」孫子爬到教授的膝上，說：「你看看你自己，裝上假牙後又年輕又精神，拿掉牙，你嘴巴又空又癟，這不是相反的例子嗎？」

教授聽了，大笑說：「有道理！」

醜似美，眞實醜，聽了這番童言童語，你對美醜是否有了不一樣的定義？

孩子的眞心話，總讓人會心一笑，也更引人深思，好像下面這個故事，在聽來無禮的話中，隱含著某些深義。

「我再也不洗臉了！」有一天，小多莉忽然對奶奶這麼說。

「為什麼呢？真是個小淘氣！妳知道嗎？當奶奶像妳這麼大的時候，可是天天洗臉呢！」奶奶說。

「所以我才不洗，我不想變成妳現在這樣啊！」小多莉回答。

小多莉不懂歲月增長的變化，只懂眼前所見到的眞實畫面，從中也讓我們明白，人生不活在當下，又在何時？

假牙看似很虛假，卻是眼前爺爺最需要的東西，既是生命所需，那又何必在意眞假？只要有助於生命繼續，讓人清楚說出心中眞心話，即使是假的，我們亦當認眞看待。

又好像另一則故事中，滿臉的皺紋正是生命漸進轉動留下的痕跡，又何必爲此苦惱煩心？仔細想想，我們每天洗臉爲的是什麼？是讓自己清醒，以看見更明亮的本心，還是爲了讓人看見一個表面漂亮但內心無知的靈魂？

幽默看待萬物，便可得深刻的生活禪思。美醜一念，眞假不辨，一切標準存乎你我的一念心。何妨給自己一點空間，學學孩子們以單純眼睛看世間？從此觸目所及，必無一不是美麗眞實之境。

幽默，讓學習積極活潑

肯定鼓勵的方法才能挑起學習熱情，想帶動別人的學習興趣，更要以積極幽默的方式引導。

學習是互動的，多了主觀的認知與態度阻礙，便很難有充分的溝通與交流。所以，身爲教育工作者，不只要懂得如何教學，更重要的，要知道以客觀態度引導學生積極學習。

好的老師懂得關心學生，更懂得幽默教學，因爲他們知道，風趣幽默的方式最能吸引人，挑起積極學習的意願。

學生們最害怕英國文學課的老師，因為他對成績的要求極為嚴格，除此之外，大家更害怕分發考卷的時候。

因為他是以分數高低來區分，分送考最高分的試卷時，他會舉在頭頂上交給學生，次之的，就放在桌子上讓學生自己來拿取，再次之的，就放在膝蓋上讓學生來拿，再次之的，就放在地板上讓學生自己取回。

這次期末考卷照往常分發後，卻還有三名學生沒有拿到考卷，他們只好上前請問老師，自己的考卷到哪裡去了？

只見老師冷冷回答：「要考卷嗎？麻煩你們半夜時分再回到這間教室來，因為我把剩下的考卷埋在講台下。」

這確實是十分可怕的方式，看似公平，實則一點也不顧及學生的顏面。若說嚴格是好事，但從人性的角度思考，如此態度與方法只會造成學生的反感、反彈，更無法愉快地學習英國文學。

畢竟，老師挑起的不是學生們的省思，而是恐懼和反感，當然難以得到好的學習結果。如果這位老師能學學下面這位化學老師的教學方式，或可讓學生更樂於積極學習。

化學老師在黑板上寫了一個化學分子的程式，然後叫了一位學生的名字：「約翰，你來說說看，這是什麼分子的程式？」

「是……那個……是……」約翰似乎想不起答案。

「答案是什麼？」老師又問了一次。

「它……其實就在我嘴邊，我……」約翰心虛地說。

老師聽了，忍不住笑出聲道：「那你還不快點把它吐出來？要知道，那可是鹽酸哪！」

多妙的「吐」字，老師沒有直言指正學生的問題，而是幽默地提點學生所學不足，讓人更覺學習富趣味。

以第一則故事爲例，當老師只以分數成績作爲品評學生的標準，或是以此來揚好貶壞，學生之間的落差將變得越來越大，特別是那些對這個科目已經感到興趣缺缺的學生。

第二則故事中，「吐出鹽酸」的幽默隱喻，才能眞正加深學生的記憶。從中反思，聰明的人都知道，肯定鼓勵的方法才能挑起人們的學習熱情，想帶動別人的學習興趣，更要以積極幽默的方式引導，如此，更能點燃學習的意願與自信。

知道錯誤，更要知道錯在何處

最理想的家教是幽默地讓孩子學會自我省思，不必責罰，便懂得面對己過，學習改進。

希望孩子能不再犯錯，期望孩子能走在正確的道路上，我們該做的不是嚴厲地告訴孩子「什麼可以，什麼不可以」。

最好的方法，是引導他們思考爲什麼要這樣做才好，又爲什麼這樣做是不好的。當他們犯錯，我們不必急著責罰，而是要讓他們知道自己錯在哪裡，又要如何才能不再犯錯。

歐達在踢足球的時候把窗戶打破了，父親氣得不得了。

最後，他決定：「我要把你關到雞棚去！」

歐達連忙抗議：「不行，我不會下蛋啊！」

爲了免除責罰，孩子總會想出千百怪的理由藉由來應付，然而在他們天眞的話語裡，我們除了聽見天馬行空的想像，更會聽見孩子們心智成長的缺失，並思考應當如何正確地引導。

馬克很調皮，父親經常揍他，但今天的馬克卻顯得有些異常，只見他咬緊了牙根，忍著痛，不再像從前那樣向父親求饒。

直到被教訓完畢，馬克才惡狠狠地說：「你打啊！再打啊！你愛怎麼打就怎麼打，我發誓，將來一定會向你的子孫報仇！」

如此沉重且充滿仇恨的話，不知道給了你什麼樣的啓發？

孩子的世界單純也直接，然而正因爲過於單純直接，他們不懂檢討省思自己的過錯，就像馬克的回應一樣。被責罰的時候，沒有思考自己的問題，而是惱怒地想著挨打的疼痛，進而心生怨恨。

如此心思，若不能及時導正，未來恐怕會導致危機。

教育孩子，可以時而正面，時而反面，重要的不是我們用哪一個面向去教育他們，至關重要的是，能不能教導他們以正面的思考邏輯去面對過錯，並懂得時時反省，自我糾正。

其實，責罰只是一個方法，也不是絕對或最好的方法，因爲最理想的家教是幽默地讓孩子學會自我省思，不必責罰，便懂得面對己過，學習改進。

不要急著把怪責孩子的過錯，而是要讓他們知道自己錯在哪裡，並且明白怎樣的作爲與態度才正確。

幽默引導的成效，會較一味責罰更高。

裝瘋賣傻也能消除焦慮

在呆板的生活中，讓自己出些差錯，做些滑稽舉動來自娛娛人，這樣不但可以為生命注入活力，也可以促進人際來往。

有個笑話說，夢想征服全球的希特勒，有一天來到一間精神病院視察，問一個病人：「你知道我是誰嗎？」

病人望了他一眼，搖了搖頭。

希特勒覺得很掃興，便高聲對病人們宣布：「本人就是戰無不勝的阿道夫・希特勒，你們的神聖領袖。我的力量非常巨大，可以跟上帝相比！」

誰知，病人們並沒有受到任何震撼，只是微笑著，用同情的目光望著他，隨即有個病人上前拍拍希特勒的肩膀說：「是啊，我們開始得病的時候，也像你現在這個樣子呀！」

幾句幽默解嘲的話，可以讓人破涕而笑，消除焦慮感。

有個整人節目「歡樂夏夏叫」，匯集了很多段無傷大雅的整人花招。耍人者和被耍者，以及電視機前面的觀眾，最後都是笑容滿面，因爲大家對於自己和對方的反應有一種「驚奇感」。

是的，心情低落的時候，一場輕鬆的談話、耍耍寶、裝瘋賣傻，都可以讓人消除身心壓力。

齊國有個人很健忘，走路常常忘記停步，睡覺常常忘記起床，連吃飯也會忘記要將食物吞下去。他的妻子聽說艾子說話詼諧，頗有智慧，能使人心眼開竅，就要丈夫到他那裡求教。

於是，這個健忘的人騎著馬，挾著弓箭，前去找艾子。

走不到三里路，他突然覺得肚子脹得很不舒服，就停下馬，將箭插在土裡，蹲在路旁的樹叢解手。

方便完後，他覺得通體舒暢，站起身就要走時，突然看見身邊自己插的那支箭，吃驚地說：「不知誰放的冷箭，險些兒射中了我呀！真是驚險！」

接著，他又瞧見樹下自己拴著的那匹馬，高興地說：「還好，雖然受了一場虛驚，卻得到一匹好馬！」

他正要走過去牽馬時，不小心踩著了自己那堆糞便，氣得哇哇大叫：「是哪條瘟狗拉的屎，呸！呸！」

說著說著，他解下韁繩，將馬掉過頭，騎上去就走。

走呀走呀，馬兒帶他回到家門口他也渾然不知，這時妻子正走出門來，他連忙問她：「嫂子，這可是艾子的居所？」

妻子見他的老毛病作，健忘到連自己的家和老婆都忘記了，頓時升起一股無名火，大罵他一頓。

他神情沮喪地對妻子說：「妳我素不相識，何故出口傷人？」

聽到他這樣說，老婆也只能無奈的搖搖頭。

這等健忘的人，實在誇張到不可思議的地步，不過，曾否想過，我們活在這個社會，很多時候必須壓抑自己的情緒，不管是爲了自己，或者爲了別人，都必須維持適當的形象，何妨讓自己有點健忘？

情緒長期壓抑下來，就對生活失去興趣，感覺不到生命的活力，這也是爲什麼人們喜歡看喜劇電影、節目的原因。當那些演員賣力搞笑時，我們也就適度釋放出自己的壓力。

裝瘋賣傻並不是喜劇演員的專利，適時的健忘更可以減輕壓力。

在呆板的生活中，我們也可以不按牌理出牌，在無傷大雅的情況下，讓自己出些差錯，做些滑稽舉動來自娛娛人，這樣不但可以爲生命注入活力，也可以促進人際來往。

07

用幽默將生活的框架突破

不想受困於「有限」的生活空間，
便得讓自己擁有「無限」
的心境與思考智慧，
讓自己幽默一點。

鼓勵別人，等同於鼓勵自己

說真話雖然很好，但若是不能給人正面鼓勵，那還是別說，否則不只讓人傷心，還可能帶來負面效果。

肯定別人其實等於是肯定自己，因爲那代表著我們聰明識人，知道與他們相處互動的正確方法。

以正面積極的態度肯定他人，再以幽默態度展現包容，我們的心境必會帶動出積極的活力，進而讓你我的人生跟著也活潑躍動。

一心想當歌手的瑪麗亞，剛上完一堂聲樂課便急著問音樂老師：「老師，依您的專業來評估，我的聲音將來會不會有成就？」

「如果遇上火警，妳的聲音應該可以派上用場。」老師回答。

極爲諷刺的方式，雖坦白卻顯得太不厚道，畢竟人總是渴望受肯定與鼓勵。再說爲人師表，若不懂得給人鼓勵，又如何能教出作爲積極的學生？

人與人之間，要懂得聰明溝通，如此才能眞正解決問題，不至於把狀況搞得越來越複雜麻煩。

男人正在為一件事煩心，一個勁兒地抽煙，左手一支，右手一支，輪番地抽，轉眼便見煙灰缸裡出現十幾根煙蒂。

妻子看了，驚叫道：「天啊！難道你不能找個更有效的自殺方式嗎？」

丈夫已經夠焦慮了，妻子卻還酸溜溜地斥責嘲諷，試想，這樣的方式，有助於問題的解決嗎？

當然不會了，正想著煩心的事，耳邊傳來的卻不是安慰聲而是斥責聲，心亂耳煩，任誰都會感到更加憤怒。

說眞話雖然很好，但若是不能給人正面鼓勵，那還是別說，否則不只讓人傷心，還可能帶來負面效果。

一如以上這兩則故事，自以爲幽默的否定，根本無法激勵人心，只會多添互動上的衝突與冷淡。

將心比心，如果你是瑪麗亞，願意繼續讓一個否定自己的人教唱嗎？

同理，丈夫已經很煩了，妻子還給他那般尖酸的回應，如此怎能增進夫妻之間的情感？

多爲別人想一想，好話不難說，多點鼓勵安慰並不麻煩。

人同此心，心同此理，學會給人鼓勵，我們也能獲得相同的鼓勵安慰。

真正用心，友情才能繼續

想得到人們的友善回應，不是用計交換，而是要用心交往。如此，彼此間的情誼才能真正地長久、穩固。

人際互動若少了真心誠意，再有助益的拍檔也無法幫助我們獲得成功。

當彼此的心裡各具私心或別有居心，表面看來合拍的隊友也必將在關鍵時刻露出自己心中的利己企圖，使成功的腳步無法繼續。

一位電影明星坐在一家飯店的前廳，這時忽然有個陌生人走到他的面前，然後莫名其妙地對著他大罵起來。

明星安安靜靜地看著他，並沒有做出任何反應或動作，任憑這個人怎麼侮辱，他都微笑以對。

想不到，旁觀人群中，突然有兩位女影迷走了出來，她們不僅痛斥那個陌生人，爭吵到最後，甚至還動手打了對方，那個人受不了兩個人的夾擊，只好匆匆逃離現場。

明星見危機解除，還是自己的影迷熱情幫助，於是上前致謝，對著其中一位女影迷說：「妳真的用這隻美麗的小手打了那人一個耳光嗎？」

「是的。」女影迷神情得意地回答。

這位明星竟牽起她的手，在她的手背上深深地親吻一下。

另一位女影迷見狀，連忙說：「我可是用嘴狠狠地咬了他一口呢！」

爲了能贏得偶像的青睞，爲了爭取到親近偶像的機會，女影迷可是用盡心機以迎合對方的心。

類似心計，其實不只存在於影迷與偶像之間的互動，在你我現實生活中，也不難看見，好像下面這個例子。

法朗士為自己的一隻手做了一個模型，然後將模型手放在辦公桌上。

有一天，有位客人來拜訪他，一眼看見桌上的模型，便驚訝地問：「先生，這是您的手的模型嗎？」

「是的。」法朗士微笑地說。

「天哪！就我來看，這隻手簡直跟雨果的手長得一模一樣啊！這可是天才的象徵哪！」

「怎麼說？」法朗士好奇地問。

「您看，您的中指指尖這個地方很像，您再看看這裡，有一點點凹進去的地方……」客人誇張地比劃著。

法朗士一聽，大笑著說：「那是我受傷後留下的疤痕啦！」

客人誇張地誇讚法朗士的模型手，行爲想必讓不少人嗤之以鼻。

天才之手與尋常人的手，眞有差別？

當然沒有，一切只是馬屁。

爲了迎合想巴結的對象，有些人總是愛用心機，巧言令色企圖換得對方的信任與喜愛，然而得到了一時恩寵又如何？

大多數人正因爲馬屁拍過頭，最終反而讓自己錯失機會。

想得到人們的友善回應，不是用計交換，而是要用心交往。如此，彼此間的情誼才能眞正地長久、穩固。

至於面對他人處心積慮的巴結，且讓我們一笑以對。

用幽默將生活的框架突破

不想受困於「有限」的生活空間，便得讓自己擁有「無限」的心境與思考智慧，讓自己幽默一點。

我們都習慣了把自己放在一個安全門裡，或爲自己畫一個框框，自我保護，然而站在這個門框中，你眞覺得安全嗎？

想讓心自由，就別把自己困在框框裡，因爲生命原本就充滿險途。請放心，你一定有足夠的能力避開危險，知道如何突破險境。

某大學在分配系所樓層時，將心理系與音樂系的教室安排在一起，這也使得心理系學生大感困擾，上課時都得關上窗戶，因為如果不這麼做，根本聽不清楚教授們的講課內容。

不過，如此安排也有一些好處，好比這天……

音樂教室裡正巧有位女同學在練習聲樂，時而尖銳高喊，時而淒厲哀嚎，與此同時，心理系教授正在為學生講解情感心理學。

他說：「喜劇和悲劇之間的距離，其實是很小的。」

「請問，這段距離有多小呢？」有位學生問道。

教授指著隔壁音樂系的教室，說：「大約十公尺。」

極有趣的比喻，想來學生們定能明白其中的差別，短短十公尺的距離，讓人明白了悲劇與喜劇之別。

由此可知，以幽默引導思路，往往能讓人有不同的學習和體悟。

下面這則故事，則是因爲職業病而帶出的有趣對話。

有一位數學教授在馬路上被一輛高速飛駛的汽車撞倒，肇事的司機不但沒有下車關心，還立即駕車逃逸。

交通警察很快便趕來了，詢問那輛汽車的車牌號碼。

授想了很久，然後說：「我只記得，就在被撞倒的那一剎那，看到車子上有一個方程式，好像是 xy 減去 517，最後的差是 24……」

在這簡短的小故事中，我們看見了這位教授的框限。他與第一則故事的教授極不同，前者靈活運用了自己的思考聯想，讓學生得到更廣的思考延伸與啓發，反之，後者則只能在有限的思考框架下做出反應。

仔細想想，其中有什麼值得深省的部份？

生活要多一點靈活空間，因爲所有事物皆是多元呈現的。限制的產生，不是事物本身，而是我們每個人觀想與省悟的角度不同，而得出「有限」與「無限」之別。所以，不想受困於「有限」的生活空間，便得讓自己擁有「無限」的心境與思考智慧。

萬事萬物皆在你我手中，十公尺之間何爲喜劇，何爲悲劇，抱持的態度不同，

便可能有多種結果。

那看似安全的環境，正可能暗藏著某一種危機，看似冒險的道路，也許反而通往安全之門。

無論如何，都要試著讓自己幽默一點，千萬讓自己的心境困在某一個框架下。

教育要靈活，學習才會寬闊

一味地跟從，或是態度不夠用心謹慎，自然會一再地誤入困境，甚至誤導他人走向錯誤的人生道路。

爲人師長的人，在給人方向時，記得思考要廣，不可只顧眼前，或一味地只會用舊思考模式教育他人。

教育別人前，要先測測自己的思考是否夠廣，又是否能接受他人的質疑與提問。能夠如此，才能激盪出最豐富的生活故事。

化學老師漢森在做實驗時，不小心被炸傷，學生們緊急送他到醫院治療，所幸搶救及時，很快地便轉危為安。

脫離險境之後，護士送他到普通病房安頓。

來到新的病房，裡頭已有一位病友，這位病人看見新病友進來，便關心地問漢森老師：「怎麼了？是被汽車撞傷的嗎？」

「不是。」漢森老師搖了搖頭，接著嘆了口氣說：「唉！這全得怪編印教科書的人，因為他們把元素符號印錯了。」

不能活用知識，卻怪責編輯者弄錯了，這豈是一個授業者應有的態度？

又好像下面這則故事，趣味的答案，提醒了活化思考的重要。

有位小朋友提了一個有趣的問題：「老師，我有個問題想請問您，電話是怎麼撥通的呀？」

老師說：「這麼說吧！當你看到電話線時，你可以立刻與一條尾巴很長的獵犬聯想在一起，你拍拍牠的屁股，牠當然就叫了。」

「那無線電話呢？它又沒有尾巴，怎麼會叫？」小朋友不解地問。

「道理一樣，我們不過是換了一隻沒有尾巴的獵犬啊！」老師說。

沒了尾巴如何能叫呢？顯而可見，這解釋並不是個好例子。

教育是門大學問，不能隨便舉例解答，因爲孩子們活潑逗趣的思考想像，經常會想到你我沒有意識到的問題。與其隨意舉例，不如好好地以科學角度解說，更能引起孩子們的學習興趣，啓動他們的好奇心。

我們都知道，思考若不能活化，只一味地跟從跟風，半點也無助於進步與學習成長，就像第一則故事，只懂照本宣科，卻不知道科學實驗中「懷疑」和「謹慎」的重要，當然會誤觸意外。

思考與態度要靈活，我們的生命才會精采。一味地跟從，或是態度不夠用心謹愼，自然會一再地誤入困境，甚至誤導他人走向錯誤的人生道路。

多一點想像空間，生活更新鮮

給孩子多一點空間，其實也等於給我們自己多一點空間，讓彼此得以自由發揮生命最美、最真實的那一面。

很多時候，孩子比大人更懂得幽默。

與其把大人的思考方式強加於孩子的身上，不如學會尊重他們的思考，才能眞正引導孩子走向正確的人生方向。

不妨多給孩子一些空間，特別是想像空間。少說「這樣不可以」，而多以鼓勵代替，給他們肯定，大方地說：「這麼想眞的很棒！」

老師要學生們回家寫一篇作文，題目為「什麼是懶惰」。

作業收回後，老師很認真地批改，然而當他打開阿達的本子，卻看見第一頁是空白的，第二頁仍是空白的，一直翻到第三頁，才看見阿達寫下了這幾個字：「這就是懶惰！」

這眞是一個很妙的解答，要說他表達有誤卻也不對，因爲就創意來說，如此的表現方式，還眞應該給個滿分的，畢竟這般大膽靈活的表現還不是每個孩子都想像得到。

這又如下一個故事的主角小湯米，在偷懶取巧的背後，其實也表現了活潑另類的思考。

作文課上，老師要同學們寫一篇作文，題目是「我的狗」，並嚴格要求總字數不能少於一百二十個字。

小湯米想了一會兒，然後開始寫：「我家有一隻狗，名字叫波比。我很喜歡這隻狗，牠身體是黑色的，而頭頸則是白的。」

寫到這兒，小湯米停下筆，一字一字地數了數，發現字數還差很遠，忍不住皺了眉頭，心想：「哇！還差那麼多字，要寫什麼好呢？」

小湯米搔了搔頭皮，想了幾分鐘，然後才繼續寫：「我每天都會帶波比去公園裡散步，下雨時我就不帶牠出門了。」

寫到這兒，又算了算字數，發現還是不夠，他嘆了口氣，再寫道：「我常常幫波比洗澡，牠很喜歡洗澡，我也很喜歡幫牠洗澡。」

小湯米不斷地寫寫停停，但字數始終達不到老師的要求，這急得他直搔頭皮，一會兒看天花板，一會兒看黑板。

「波比很喜歡吃餅乾，所以我經常餵牠吃，可是，有時候家裡沒餅乾，我就不能餵牠了……」

小湯米絞盡腦汁，想把字數湊足，但寫到這兒，卻怎麼也想不出下文了，他只好停下筆，呆坐在位子上。

忽然間，腦子閃過一個念頭，只見他笑起來，然後提筆飛快地寫著：「當我想叫波比過來時，我就會喊道：『波比！』如果牠不來，我就再叫：『波比！波比！

波比！』如果牠還是不肯過來，我就更用力地叫喊：『波比、波比、波比、波比……』」

寫到這裡，小湯米數了一下，似乎還差兩個字，於是他毫不猶豫地又加了一個「波比」，然後再次數了數總字數，正好一百二十個字，一字也不少。

只見小湯米用力吐出一口氣，然後吹著口哨把作文交給老師，開開心心地去操場玩遊戲了。

孩子的世界天眞且寬廣，多叫幾聲「波比」雖然是爲了湊數，但那呼叫的畫面，不也讓整篇文章充滿了快樂的聲音和形象？

幽默，經常在日常生活中展現。

我們應當以不壓抑他人的想像爲準則，容許天馬行空的誇張想像畫面，因爲那正是引導啓發創意想像的極佳方法。

給孩子多一點空間，其實也等於給我們自己多一點空間，讓彼此得以自由發揮生命最美、最眞實的那一面。

所以，就讓孩子多叫幾聲「波比」吧！並試著用微笑和孩子討論他獨特的「懶惰」方式。

多以正面的態度和他們互動，未來，我們會從孩子的身上看見更具精采創意、充滿歡笑的新世界。

別被錯誤示範扭曲了價值判斷

在完全還不懂什麼是對與錯的童心世界，大人們錯誤的示範，很容易誤導孩子的價值判斷。

別再用現實世界的虛華與複雜作爲教育素材了，相信這些也不是我們所喜歡、樂見的。我們都知道，爲孩子建立正確的生命態度，更重於告訴他們如何爭得成功地位。

好的生活態度才能帶出成功的腳步，有好的生命觀念，才會看見眞正充實富足的人生畫面，孩子們眞正需要的，正是這些。

一位態度高傲的母親對老師說：「我的孩子真是個天才，我總覺得他有許多獨特的想法，不知道老師是否也這麼認為？」

「的確，特別是當他該靜下心默寫生字的時候。」老師說。

每個家長都會以子女爲傲，這原本是件好事，但若是像故事中的媽媽，只挑孩子好的一面，卻無心發現尚有不足的地方，便不太妙了。

畢竟一個只懂溺寵寶貝的父母，很容易讓孩子看不見自己的缺點，也容易爲孩子建立起錯誤的價值觀念。

家教關乎父母的教育態度，一如下面這則故事，天真的童言童語背後，其實存在著可怕的教育危機。

數學老師對學生說：「假如桌上有三杯酒，我請你們的父親喝一杯，那麼還剩幾杯？」

其中有個小朋友馬上答：「一杯也不剩。」

老師搖了搖頭，說：「不對不對，你沒有聽懂題目嗎？我再說一遍，桌上有三杯酒，我請你父親喝一杯，還剩幾杯？」

只見孩子滿臉無辜地說：「真的一杯也不剩嘛！」

老師搖了搖頭，嘆道：「唉！你懂得我在說什麼嗎？」

小朋友天真地回答：「老師，是你不懂我爸爸啦！你知道嗎？只要他看見桌上有酒，絕對是一杯也不會放過的。」

孩子天眞地說出父親貪戀杯中物的實況，深刻表現了家庭教育的重要性。家中一切人事物皆是孩子學習成長的榜樣，在完全還不懂什麼是對與錯的童心世界，大人們錯誤的示範，很容易誤導孩子的價値判斷。

以上兩則故事中的孩子爲例，在母親一味地認爲兒子是天才的寵溺中，在好酒父親的教育下，前者容易培養出自以爲是的態度，後者則很容易教出同樣偏好杯中物的孩子。

家庭是培育孩子心智最重要的環境，而心智的長成必須靠父母親的苦心培育，稍有偏差，孩子也會點滴累積。

這些孩子日後想獨立時，若是沒有正確的人生態度與生活觀念輔助，將不只容易遇上挫折，跌倒後更可能不懂如何再站立起來。

給孩子富足的物質，驕傲的自信，不如幽默地教導他們學會謙卑，保持嚴謹的生活態度。如此，才能眞正盼到與孩子共享成功驕傲的時刻。

別讓時機從笑聲中溜走

每一個季節的來臨跟轉換，對成功人士來説都很重要，把握每一道陽光、每一場雨水，才能迎接豐收的季節。

病人：「護士小姐，醫生有沒有吩咐妳送安眠藥來啊？」

護士：「沒有啊！」

病人：「如果再不拿來，我就要睡著了。」

有過失眠經驗的人應該了解，睡意來臨時，若沒有及時把握，過了那段時間，想要進入夢鄉就沒有那麼容易。但是，當你快睡著的時候，還硬撐著等安眠藥送到，那反而是一種本末倒置的行爲。

曾有人說過一句頗富哲理的話：「人可以在現階段判斷一切，卻疏忽『現在』只有一分鐘可以讓你判斷。」

時間是屬於人類的專利，也是專門對付人類的武器，每一個時機都必須注意。它不像在高速公路上，錯過了一個交流道，可以在下一個交流道回頭，時間一旦過去了，就過去了。

深山裡的小屋中住著兩兄弟，有一天兩人一同外出打獵，才到走一半就看見天空有一群大雁飛過。

兩人馬上張弓搭箭，哥哥一邊瞄準一邊對弟弟說：「這群大雁很肥，射下來清燉吃，味道保證不錯！」

弟弟連忙反對說：「不，射下來一定要做成紅燒雁。紅燒雁又香又酥，比清燉雁好吃多了！」

兄弟倆為了這件事起了爭執，於是放下弓箭，一個勁兒地爭論了老半天，誰也不讓誰。後來，他們知道這樣下去不會有結果，便一起去找一位住在附近的老先生評理。老先生聽完後說：「這個好辦，你們把射下來的雁分作兩半，一半清燉，一半紅燒，問題不就解決了嗎？」

兄弟倆聽了，高興地說：「這真是個好辦法！」

他們謝了老先生，就趕緊回頭去射雁，可是回到原地方一看，卻已經找不到大雁的影子了。

從前，廣東住了個富翁。有一次，他叫夥計到杭州去辦貨，但是從廣東騎馬到杭州，少說也得花上一兩個月時間，因為路途遙遠，富商放心不下，於是囑咐夥計說：「你在杭州要是遇到重要的事情，千萬不要擅自作主，先捎個信回來，等我回了信你再做處置。」

一天下午，富翁坐在廳前喝茶，心裡記掛著杭州辦貨的事，突然，僕人送來一封夥計託人帶來的書信，便急急忙忙拆開。

信還沒讀完，他就氣得七竅生煙，跺腳直罵：「真是飯桶，草包！」

原來，信裡面寫道：「我身上帶的銀兩，剛才全被小偷偷走，那小偷還在酒樓裡面，特此奉上書函，請問要不要把他抓起來？望速速覆音杭州。」

有個財主外號叫「財迷蟲」，聽說木材在城裡可以賣到很好的價錢，便和兒子一齊上山打柴。

柴砍到一半，樹林裡突然跳出一頭猛虎，一下撲過來用前爪將財迷蟲壓住。走在後面的兒子見了，衝上來要救父親，財迷蟲見兒子舉起斧頭正要向老虎劈下去，慌忙嚷道：「老皮價格昂貴，不能用斧頭砍，你用扁擔打吧！」

兒子馬上丟了斧頭，拿起扁擔，可當他舉起來要打的時候，財迷蟲又大叫：「別將老虎打死，用繩子捆住它，活虎比死虎值錢呀！」

兒子又連忙扔掉扁擔，去找捆柴的繩子，好不容易找到繩子，財迷蟲已被老虎咬死，叼著往山頂跑去了。

作家黑幼龍曾經說過：「天底下每樣事情都是有季節的，成功者的一生是很多成功季節的過程。」

每一個季節的來臨跟轉換，對成功人士來說都很重要，把握每一道陽光、每一場雨水，才能迎接豐收的季節。

像鳥一樣飛逝的時間裡，也能像烏龜一樣慢慢爬，最麻煩的是，許多人永遠搞不清該快還是該慢。

當我們笑看這群不懂得把握時機的「愚民」時，也要回頭看看自己，是否也曾爲了芝麻綠豆小事，錯失了得來不易的機會。

發揮幽默功力，把自己推銷出去

如果你失業在家、人緣不佳，或是到目前還是孤家寡人一個，趕快發揮「幽默」的功力把自己推銷出去吧！

美國紐約一家肥皂廠老闆費什，為了替自己的產品做廣告，利用紐約最好的劇院作為媒介達到目的，還特地重金收買當地一位歌劇女演員，讓她在莎士比亞的《馬克白》一劇中飾演女主角。費什開出的條件是：必須在歌劇演出時，於台詞中出現一句「費什」。

當晚，劇中的馬克白夫人在台上表演到謀殺一幕，正要擦拭那假想出來的血跡的時候，使坐在台下導演和觀眾們大驚失色的是，這位女主角竟然說道：「啊！假如現在我手裡有一塊費什公司生產的肥皂，就能很快洗淨這塊血跡，並擺脫這個痛苦了！」

現今有那麼多的廣告，要怎樣讓商品在消費者腦裡留下印象呢？在五花八門、琳瑯滿目的商品中，越是突出的商品形象，越容易引起觀眾的注意，這些廣告手法通常都有著豐富的「幽默感」。

比方某酒類廣告的劇情是，一位妙齡女子來到商場，踮著腳想拿下放在最上層的兩罐酒，可是不管怎麼努力，還是差那麼一點點。這時候，來了一位男士，他的目光集中在女子因抬高手取物而露出的小蠻腰，當女主角用嫵媚的求救神色望著男子時，觀眾以爲要上演一齣「英雄救美」的好戲，結果竟然是男主角輕鬆拿下酒，一副不願與人分享的神情，快步離開，結局留下了目瞪口呆的女主角和電視機前面的觀眾。

這就是一個非常成功的廣告，不僅笑點十足，還充滿了異國風味的「幽默感」。如果最後劇情是「英雄救美」，兩人共享啤酒，就顯得老套多了。

不管我們要推銷自己、別人或商品，最重要就是讓人留下印象。參加過拍賣會的人，相信都能贊同這句話：「最會講笑話的人，往往不是喜劇演員，而是資深老練的推銷員。」

商品的好壞不是重點，推銷員的功力才是商品熱賣的關鍵。就像杜魯門總統曾經說過的：「如果不能說服人，就混淆他的注意力。」

如果你失業在家、人緣不佳，或是到目前還是孤家寡人一個，趕快發揮「幽默」的功力把自己推銷出去吧！

08

別用情緒處理事情

幽默一點，別再用情緒解題，
也別輕忽了態度的重要，
因為這些都是人們評斷的重要依據，
稍有偏差，便難得敬重與肯定。

別用情緒處理事情

幽默一點，別再用情緒解題，也別輕忽了態度的重要，因為這些都是人們評斷的重要依據，稍有偏差，便難得敬重與肯定。

達爾文曾經這麼說過：「人要是隨便發脾氣，就等於在人類進步的階梯上倒退了一步。」

人生最大的困境，就在於我們不懂得用幽默的心情去面對眼前的困境、逆境與窘境。面對不如意的事情，與其動輒暴怒，還不如想辦法換個角度，用幽默的方式表達自己的意思。

凡事不要有兩套標準，更不要用情緒去處理事情，因爲聰明人會看見當中的盲點，從中發現你我的不足。一旦被看穿，我們想再得到人們的信服，恐怕又將多費一番功夫。

收斂自己的情緒，遵守遊戲規則，往往是爲人處世的最好方式。

地理老師提了一個問題：「哪位同學知道，在什麼地方常見煙霧繚繞？」

只見小吉米立即舉手，說：「離我爸爸嘴邊不遠的地方。」

小吉米的誠實答案，想必逗得許多人會心一笑吧！離爸爸嘴邊不遠的地方，正是世上最常煙霧繚繞的地方，一點也沒有錯，不是嗎？

在討論了解當中的思維寓意之前，我們再看看下面這一例。

有個足球迷因沒買到票，只好爬球場外的電線桿上，觀看場內的足球賽。

然而，才剛爬上去看了一會兒，便見一位警察朝自己的方向走來，那球迷一看，連忙從電線桿上爬下來，不過警察卻示意他不用擔心，還擺擺手問道：「比數多少？」

「一比零，我們領先。」球迷回答。

只見警察微笑道：「好！你就在那兒看吧！小心別摔下來啦！」

說完，警察便轉身離開了，直到球賽即將結束前，才又走過來問：「現在幾比幾了？」

「一比二，客隊領先。」球迷在高處說。

想不到警察卻突然瞪大了眼睛，怒吼道：「什麼？那你還有心思在那裡看球賽？還不趕快給我下來！」

球迷聽了，急急忙忙爬下來，然而，就在他爬到一半的時候，球場內忽然響起如雷的鑼鼓與歡呼聲，警察一聽連忙又說：「快快快！你快點上去，去看看是誰進球了！」

警察的作爲，相信讓不少人在苦笑之餘搖頭嘆息。事實上，以自己的心情處理事情的人，經常在你我身邊出現。

生活中，常常是越小的事情，越引人深思。就好像第一則事例，我們總是就近以最熟悉的生活爲依歸，累積自己的生活經驗。再看第二則故事，我們大都習慣了以當下的情緒作爲處理事情的標準，然而正因爲太過自我直接，往往失去了處世應有的智慧。

身教重於言教，許多道理就在日常生活之中，但我們常因爲一時的貪慾與執念而忘記遊戲規則的重要，一如第二則故事中的警察，爲了滿足自己的慾望而不執行職責，失望時又以情緒來解決，如何能得到人們的信服？

又如第一則故事，若是將來有一天小吉米也學起父親抽煙，身邊其他人想制止，恐怕也難以規勸。

幽默一點，別再用情緒解題，也別輕忽了態度的重要，因爲這些都是人們評斷的重要依據，稍有偏差，便難得敬重與肯定。

謙虛面對己過最讓人敬重

學會面對己過，學會承擔責任，一點也不難，更不會因此而折損我們的威嚴或自信。

看看世上那些偉大的人，從未汲營於自己的名和利，卻能得到人們長久的尊敬肯定，方法無他，正在於他們不只懂得謙卑低頭努力付出，更懂得謙虛表示自己的不足處。

此外，犯錯後，他們比我們更勇於面對，因爲深切知曉，唯有先看見自己過錯，才能更見未來的進步與人生的坦蕩。

截稿日在即，伯拉教授正忙著完成一篇學術報告。

「親愛的，我的筆放到哪兒去了？」他忽然著急地問道。

妻子冷冷回答：「親愛的，它現在不是正夾在你的耳朵上嗎？」

「耳朵？你沒看見我快忙死了嗎？妳能不能說得具體一點，筆究竟夾在哪一隻耳朵上啊？」教授再次著急地問。

妻子一聽，勃然大怒：「難道你的耳朵沒有感覺？」

看了這段小故事，想必引起女人不少同情，想想遇上這樣不可理喻的男人，還是一輩子的伴侶，誰忍受得了？

聰明的人都知道，把自己的責任往外推，不懂得負責，我們便難自在行走於人生旅途。下面這則故事，在幽默回應中隱含引人深刻省思的道理。

有位老紳士悠閒地駕車在路上兜風，但好心情並未維持太久，由於他誤闖單行道，很快地便被交通警察阻攔下來。

老紳士的車被警車圍住，逼得他不得不把速度降低，直到車子停下來。

交通警察上前問他：「知道我為什麼攔住你嗎？」

「那還用說，我是你唯一能追得上的車呀！」老紳士不滿地回答。

莞爾一笑後，將故事中老紳士的反應對照現實，想想那些經常犯錯的人，不是很像嗎？當遇上自找的意外災禍時，面對悲傷的結果，往往只想著別人的缺失，卻不思己過，反讓自己更陷困厄中。

許多人在面對自己的問題時，都會像老教授一樣，總好怪責別人，卻不思己過，明明是自己的疏失，偏偏要把別人也拖下來負責。

學會面對己過，學會承擔責任，一點也不難，更不會因此而折損我們的威嚴或自信。事實上，懂得承擔己責，面對錯誤懂得反省的人，必然能得人們更加的敬重與肯定。

看見藏在腦海裡的卓越創意

規規矩矩地附和配合，乖乖地聽命遵從，對任何人都不會件好事，只會讓生活失去精采。

我們知道，老天爺賜與每個人的，都是一顆蘊含無限創意的腦袋，但會因爲使用者的不同而有著不同的功效成果。

不能好好開啓運用的人，當然得不出聰明智慧，反之，懂得充分利用開啓的人，時時刻刻都能放出驚人的創意光芒。

老師正在發作業，當發到貝利時，忍不住質問他：「我要你們寫一篇關於牛奶的作文，我記得曾要求你們一定要寫滿兩張紙，但是，貝利，你的作文為什麼才寫這麼幾行字呢？」

貝利大聲地回答說：「老師，因為這是一篇關於『濃縮牛奶』的文章啊！當然要簡短囉！」

因爲「濃縮」所以「文短」，說得還算有道理，但絕不可能被老師接受，畢竟在這個創意思考裡存在著一點偏差，若給予肯定，就怕心智尚未成熟的孩子會自此走錯路。

但與其擔心，不如用較正面的態度和孩子共思創意，好比下面這個例子，雖然仍有些偏差，卻是極富機智的創意發想。

上地理課時，老師要求學生們必須將地球儀帶來。

但有個名叫湯瑪士的學生沒有帶來，因此當其他同學認真地轉動著地球儀，尋找老師提問的地理位置時，他只能呆坐在自己的位子上。

老師看見他這個模樣，有些生氣，忍不住要考一考他，讓他出糗，於是喊道：

「湯瑪士，亞馬遜河在哪兒？」

湯瑪士低著頭，什麼話也沒說。

老師更加生氣地問他：「你為什麼沒帶地球儀來，又為什麼老是低著頭？你到底在看什麼？」

只見湯瑪士抬起頭說：「老師，其實我有帶地球儀來，它就在我的腳下，而我低頭是為了找出亞馬遜河的位子，問題是這個地球儀實在太大了，害我看不見亞馬遜河到底在哪兒。」

跟著湯瑪士一同想像正被你我踩在腳下的「大地球」，是不是也激起你的童心趣味呢？這個創意回答十分讓人激賞，有多少人曾想像到自己腳下的大地球儀呢？恐怕很少吧！

每個人都擁有一顆聰明的腦袋瓜，只是有些人懶得去動，有些人則正好相反，極活潑好動地運用，因而寫下一則則創意非凡的傳奇。

其實，不管是濃縮牛奶還是大地球儀，兩則幽默故事在在說明了你我的腦袋的潛力無窮。規規矩矩地附和配合，乖乖地聽命遵從，對任何人都不會件好事，只會讓生活失去精采。

多動動你的腦吧！別害怕說出來的創意讓人鄙夷，更別擔心內心浮現的想法讓人不屑一顧，對自己要有信心，相信世界一切都在我們的腳下手中，任誰也否定不了我們。

坦白生活，方能自在快活

我們終究得面對自己，走自己的路。因此，與其瞞騙自己，不如坦然地面對心底的過，也坦白地對著他人承認己錯。

修飾過的錯誤，看似得到了隱藏，事實上依然存在，不只無法消失，更沒有人能真正遮掩。

轉念再想，即使別人看不見，自己依然會看見。過著自欺欺人的日子裡，不覺得辛苦嗎？

小傑每次想向老師請教時，老是忘了尊稱一聲「您」。這天他又去找老師，並直說：「你能不能幫我……」

這一次老師臉色大變，生氣地說：「小傑，你怎麼老是忘了基本禮貌？你不知道向師長請教時，要用『您』來稱呼嗎？」

於是，老師罰他在練習本上寫五十遍「對老師要尊稱您」。

小傑乖乖地回到坐位上抄寫這段文字，抄寫完畢後，他便拿去給老師。

老師看了非常高興，因為小傑一連寫了一百遍，於是微笑地說：「很好，你總算知道自己的不對了。」

「是的，所以我多抄了五十遍，希望『你』別生氣。」小傑說。

讀到最後，想必讓不少人會心一笑。

老師以爲抄寫就能解決一切，沒想到早已習慣成自然的小傑，根本不知道反省問題的核心。

想必老師會忍不住嘆氣，眞是孺子不可教也。接下來，我們不妨再看看下面這個例子。

語文課時，老師要求每個人在回家之前要完成一篇小品文，只見伯特卡坐在桌前，拚命地抓著頭，手上的筆卻一動也不動。

好朋友瓦西里見狀，忍不住問他：「你怎麼滿臉愁眉苦臉，一個字都沒寫？有什麼困難嗎？」

伯特卡嘆了口氣說：「唉，老師要我們寫這什麼題目！『昨天我做了什麼』，我該怎麼說才好呢？」

「那有什麼難的？你昨天都做了些什麼？」瓦西里問。

「喝酒。」伯特卡說。

「你太死心眼了，改一個詞不就行啦！比方當你要寫『喝酒』這個詞時，就改成『讀書』，照此寫下去就得了。」瓦西里說。

「對哦！」伯特卡頓時茅塞全開，拍手稱好。

轉眼，便見他完成了作品：「早上我一起床就讀了半本書，不過後想了想，我乾脆把後半本也讀完了。接著，我忽然又想讀書了，於是我便出門又買了一本書回來。就在回家的途中，我遇見了瓦西里，我一看見他的眼睛，就知道，他八成也讀了不少書！」

思考以上這兩則故事，當中問題其實是相同的，無論是「你」還是「喝酒」，都是常見的自欺與執迷。

很多時候，我們欺騙自己完成了別人的要求，但事實上一切不過是虛應故事，執迷不悟，毫無認真省思。

進一步思索之後，你是否開始有了不同的領悟呢？

生活是爲自己，不是爲了別人，我們終究得面對自己，走自己的路。因此，與其瞞騙自己，不如坦然地面對心底的過，也坦白且幽默地對著他人承認己錯。能夠如此，我們才能看見眞正的進步。

享受付出，請先懂得給予

體貼地為對方多想一想，愛是互動的，單靠一方支持將是件極辛苦的事，道理和簡單的人際相處相同。

我們都習慣了等待別人的付出，特別是在情人的認知裡，總習慣把對方的付出視爲最佳的愛意表示。但，你眞覺得一味的付出是合理的嗎？

兩性相處虛虛實實，與其期待情人付出，不如率先眞心給予，聰明且積極地把握正捧在手心的愛。

年輕的妻子換了一套新衣服，然後轉身問丈夫：「你喜歡這件衣服嗎？」

「真難看！妳快去把它退掉吧！」丈夫說。

「是嗎？嗯，可是這已經不能退了耶！」妻子失望地說。

不過，轉眼卻見她眉開眼笑道：「這是我三年前買的衣服，不過，既然你不喜歡它，那你就快點陪我去挑件好看的吧！」

很寫實的畫面，女人和男人常因爲價值觀不同而起衝突，但是疼惜女人的男人大都選擇忍耐，或者以幽默態度應對，因爲知道再多計較一些些，兩個人恐怕要開始冷戰了。

反思另一方，雖說女爲悅己者容，女人們本就可以爲這個理由而用心打扮自己，但凡事也要量力而爲，多爲心愛的他著想。

再舉一例，看看有耐心的悲情好男人如何面對老婆大人的驚人消費力。

男人正在教他的好朋友馭妻術，說：「昨天，老婆說要買件皮大衣，一直跟我鬧個不停，最後我只說了一句話，她就不再囉嗦了。」

「哇！真厲害，你說了什麼啊？」好友問道。

「我說，妳買吧！」男人哀怨地回答。

很妙的一句「妳買吧」，智慧化解夫妻相處僵局，當中充滿了無奈也幽默的包容心境。當然我們依然可以相信，男人始終是愛著另一半的，若非如此，允諾的答案不可能說出口。

聽見這般體貼的應允，親愛的女人們，在渴望男人掏錢爲自己購買奢侈品同時，是否願意體貼地替他們多想一想呢？

愛是互動的，單靠一方支持將是件極辛苦的事，道理和簡單的人際相處相同。想被擁抱，只有一個人願意張手是不行的，必須另一個人也願意張開雙臂，才能完成整個動作。

別再一味地要求對方付出，因爲要多了總會要盡，等到那一天，才發現自己空有物質滿足，卻失去了愛的支柱，該有多令人遺憾啊！

欺騙，傷人又傷己

何必欺騙自己呢？凡事由多面切入思考，也聰明、幽默地進行多元省思，方能為自己找到最坦然誠實的美麗人生。

許多人喜歡用善意的謊言來幫人，但終究不是最好的選擇。

無論善意還是惡意，欺騙都會造成傷害，因爲目的必定是爲了遮掩一個可能被發現的事實眞相。眞相始終存在，我們從欺騙開始，便免不了擔心受怕。

驗票員來了，威爾遜先生這才發現自己忘了帶月票。

於是，他對驗票員說：「我絕不是故意要逃票，請看看我這張誠實的臉，這就是最好的證明。」

「那麻煩你把臉伸過來，因為我的職責是在車票上打孔！」驗票員答。

聽著驗票員幽默回答的同時，也讓人禁不住省思著，人難免會有出錯的時候，即使是無心之過也一樣是過錯。大可不必非得爭執、保證，因爲他人看見的是我們眼前所犯的錯，而不是過往的誠信表現。

所以，錯了就錯了，不懂就不懂，不知道就不知道，沒必要誇口知道或懂得。一時欺騙容易，但往後卻得面對或擔心真相被揭開，並不輕鬆。

教授說：「今天，我要和大家講解『什麼是謊言』，關於這方面的問題，我已經在我的一本學術著作《論謊言》中，做了十分詳盡的介紹。」

說完之後，教授停頓了一下，跟著又提問：「有誰已經讀過我寫的這本書？有的請舉手。」

話一說完，許多學生都舉起手來。

只見教授微笑著說：「很好，很好，看來大家對於『什麼是謊言』都有著切身的體會，因為……」

說到這兒，他停了一下，然後才說：「因為這本書根本還沒出版。」

聽見教授說書還沒出版，想必會讓那些舉手的學生羞愧不已。

何必欺騙自己呢？也許騙得了別人，但最終我們仍得面對心裡的愧疚，再想想，心底擱著這麼一個疙瘩，不辛苦嗎？

人生苦短，有太多東西值得我們學習與面對，每一件事都是累積智慧的關鍵，不容輕忽。

所以，凡事由多面切入思考，也聰明、幽默地進行多元省思，方能爲自己找到最坦然誠實的美麗人生。

找答案不如先找解決方法

一件事情當中存在著許多面向，答案從來都不是最重要，重要的是我們在尋找答案的過程中，是否用對了方法。

遇上問題，大多數人都只想著答案爲何，卻不知道積極思考解決方法，因而讓事情越來越複雜，越搞越麻煩。

事實上，想得一個答案不難，但能不能把問題解決又是另一回事，正因如此，聰明的人會想辦法讓結果走向自己希望的答案。

有位農夫在城郊附近買下一塊廉價的土地，為了能早日看見收成，簽約後，便馬上開著耕耘機到田裡工作。

然而，翻土的時候，卻從地底裡翻出了一顆門牙。

「怎麼會有牙？真倒楣！」對某些東西有些忌諱的他忍不住停下來，嘟嚷了一句，然後才繼續向前。

前進一百公尺後，竟又讓他挖出了一顆牙齒。

「這真是莫名其妙！」農夫越來越覺得困惑，他再次遲疑了一下，接著安慰自己說：「也許是巧合。」

但是，當他再向前走大約三十公尺後，犁頭第三次從土裡翻出一顆牙。

「不對！不對！不對！這其中肯定有問題。」農夫越想越不對勁，氣憤地吼叫起來，立即把車子開回家，並去電要原來的地主說個分明。

電話中，他語氣極差地說：「這塊地是不是墳地？如果是，我要求您把錢立即還給我！我一點也不喜歡在鬼魂出沒的土地上工作生活！」

地主回答說：「先生，別生氣，也別擔心，事實上那裡原來是個足球場！」

這幽默的故事，引出了一個極重要的思維，那便是人們常犯的離題情況。

這地方原先是不是墳地，問問當地人便可得到最正確可靠的答案，但農夫並未這麼做，而是直接找地主要答案，我們都知道老王賣瓜、自賣自誇的道理，又怎能找到眞相呢？

至於地主，以低價隨便賣出，或許以爲用最快速度脫手就好，然而存在的事實始終存在，問題終有一天要被發現。

從兩位主角處理事情的方式，我們可以得到不少啓發，一件事情當中存在著許多面向，答案從來都不是最重要，重要的是我們在尋找答案的過程中，是否用對了方法。

其實，是足球場或墳場一點也不重要，重要的是這塊土地是否肥沃，又能否種出甜美豐碩的作物，不是嗎？

面對問題，別再離題了。以幽默心態看待，是墳場也好，是足球場也好，重要的是，只要能努力耕耘，終能爲自己換得一塊良田。

09 用幽默的態度讓對方心服口服

想與人溝通或回應問題時，
要多一點幽默感，
多用點心思來尋找回應或回擊，
才能讓對方輸得心服口服。

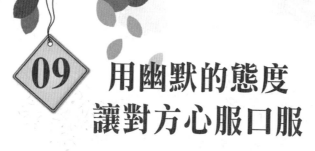

各退一步，心裡更舒服

凡事都各退一步吧！如果連面對最愛的人都缺乏幽默應對的智慧，不肯給予包容的心，試問，又如何能擁有幸福生活？

一名婦女在下車時，不小心被公車門夾傷了右手食指，氣得控告司機謀殺，還要向客運公司索賠一百萬元。

律師聽完婦人的說明，忍不住說：「太太，只是一根手指頭受傷，恐怕無法要求他們給那麼多錢啊！」

婦人怒吼道：「誰說這只是一根手指頭！你知不知道，這隻手指可是用來指揮我丈夫的呀！」

想像婦人對著丈夫頤指氣使的模樣，再配上食指怒點的動作，想必讓不少人禁不住莞爾。

一如故事中的引導，我們也發現到，男人女人的互動，實在難有一個好的平衡點，不是男人讓女人傷心，便是女人讓男人傷腦筋，似乎在所有人際互動關係中，最難解的便是兩性之間的問題了。

只是，說難解還是得解決，畢竟兩個人若想一起走下去，總還是得把情緒丟開，不然，像下面的小馬一樣，又如何能得到幸福的完結？

「唉！我的狗竟然跑了，我真是傷心死了。」小馬難過的說。

鄰居聽了，皺著眉問：「小馬先生，就我所知，你老婆出走時，你也沒這麼激動啊！」

小馬聽了，氣憤地說：「你懂什麼！要知道，我老婆的脖子上可沒掛那三枚國際展覽會的獎章啊！」

聽著小馬嘲諷著老婆不如狗，看似氣憤難平，其實隱約還是帶著一點想念的情緒。若不是「很在乎」，情緒便不會紛起，不是嗎？

否定的話雖然傷人，但正因此更讓我們明白，男女情愛的糾結很難用表面情況來解析，即使旁人想插手幫忙，也很難成爲好的調停人。

畢竟，若是兩方的心結不能解開，再多的分析、拉攏也只是徒勞。

笑看第一個婦人的賠償理由，也笑看小馬的價值比較，我們必能輕鬆地解開男人女人的癡迷。

不如凡事都各退一步吧！如果連面對最愛的人都缺乏幽默應對的智慧，不肯給予包容的心，試問，又如何能擁有幸福生活？

所以，別再爲了面子硬撐了，把食指收回，把醜話回收，只要兩個人各退一步，我們便會立即發現：「原來，看似棘手的夫妻關係，其實是人與人之間最容易學習的課題。」

童言童語常常是幽默妙語

> 把心靈回歸童心，無論外在如何催眠，不管外面世界如何變化，始終要像孩子一樣，幽默地面對真實的自己。

教堂裡，小麗莎舉手發問：「請問牧師先生，如果我是個好女孩，將來一定能到天國嗎？」

「當然，我的好女孩一定能到天國。」老牧師說。

「那我的貓咪怎麼辦呢？牠會跟我去嗎？」小麗莎又問。

「不能，我的好女孩，貓咪沒有靈魂，牠不能到天國去。」牧師說。

「那麼我院子裡的那些牛呢？牠們能到天國去嗎？」小麗莎又問。

牧師微笑說：「不能，我的好女孩，牛也不能到天國去啊！」

小麗莎聽了，又問：「這麼說，我每天都得跑到地獄去擠牛奶囉？」

在孩子的想法裡，世界就是這麼簡單，他們無法想像地獄天堂與現實世界的差別，就算我們說天上的雲是棉花糖做成的，他們也一樣會快樂地相信。

也因爲如此單純簡單，在孩子們的童言童語中，除了能聽到讓人莞爾的可愛話語，偶爾還能讓我們領出一些幽默對答的智慧！

小女孩莎莎這天第一次和家人一同到教堂做禮拜，在教堂內，她比所有大人都還要興奮有精神。

結束後，祖父問她：「莎莎，妳喜歡不喜歡做禮拜啊？」

小女孩先是點了點頭，跟著嘟了嘴，然後很正經地下評語：「嗯，還算喜歡，因為他們的音樂很好聽。不過，爺爺，你不覺得台上偶爾出現的那個人，『廣告時間』太長了嗎？」

非常有趣的評論，可愛、坦白、直接之中，又帶著一絲幽默，值得我們遇到類似情況時借用。

宗教世界的儀式典禮之中，無一不是歌頌信仰的神，宣揚神的美好與神奇，整場不是說神的仁慈，就是大談神蹟，除此之外，反倒很少聽見讚揚那些默默發揚仁愛之心的活菩薩。

那麼，即使眞的到了天堂又如何？最後得下地獄又如何？無法預知的未來，想再多也無用。既然活在現世，本來就要好好珍惜當下。

想想才剛誕生的新生兒，怎麼懂得什麼神蹟？孩子的成長過程，又哪裡需要神奇的魔法幫助？

就像把牧師佈道的時間解讀爲「廣告時間」的莎莎，對她來說，做禮拜若能像參加派對一樣快樂歡喜，或許更能吸引她吧！

看似童言無知的回應，很多時候其實更引人深思。

對小麗莎來說，倘若眞的有天堂地獄，死後一樣是「生」，那麼，那些生活在世上時的現實問題不也一樣存在？因而看在她眼裡，牛隻會在哪兒出現才是最重要的。

從這類帶點嘲諷宗教意味的幽默故事中，我們更清楚明白，宗教信仰重在心靈寄託，過分要求信仰的喜好或忠誠，迷信神力，都只會讓人迷失了自己，失去了自己的主體意識。

童言童語常常是幽默妙語，無論信仰任何宗教神佛，都要把心靈回歸童心，無論外在如何催眠，不管外面世界如何變化，始終要像孩子一樣，幽默地面對眞實的自己。

愛說大話，小心自打嘴巴

不管是在什麼情況下，都要知道有幾分本事才說幾分話，不管是否為了因應壓力或機會需要，待人處世都應該要實實在在。

旅館傳來陣陣警鈴聲，有人呼叫著：「著火了！」

不一會兒工夫，住宿的旅客紛紛從門口跑了出來。

這時候，有一名男客人走進人群中，並且一派自若地說：「嗨，你們別慌張啦！想我聽見失火時，還能慢慢地從床上起身，並且為自己點上一根煙，跟著泰然自若地穿上衣服。其實，我原本想再打個領帶的，不過後來發現不太適合這件衣服，所以又把它解了下來，然後才慢慢地從逃生口走下來……」

男子說到這裡，停頓了一下，吸了一口煙，然後補充說：「各位，你們一定要記住，當危險發生之時，千萬要保持鎮靜啊！」

人群中有位房客附和說：「您說得真對！」

旋即卻又有另一人補充問道：「但有件事我不太明白，請問，您為什麼沒穿褲子呢？」

面對危機，當然要冷靜理性，但是面臨生死關頭，能冷靜不緊張的人恐怕仍在極少數。

就心理學角度來看，越是緊張的人往往話越多，因爲許多人面對緊張情緒的時候，爲了減少壓力，會找別的事情來分散自己的注意力，其中「說話」是最簡單也最容易紓解的方法。

反之，也有些人爲了讓情緒快速平復，會保持安靜，幫助自己能進入冷靜且理性的思考狀態。

在這裡，我們從男子的冷靜詞句與緊張狀態中學習到，話不要說得太快，想冷靜，更需要安靜，不然在情緒化的大放厥辭之後，只會讓自己掉入野人獻曝的尷尬，一如下面這個故事。

有個男子很喜歡向朋友吹噓自己的打獵技巧，更好說自己的高明槍法可與神槍手媲美。有一天，朋友邀他一同去打獵，指著河裡的一隻野鴨說：「那隻鴨子就交給你吧！」

「好，沒問題！」男子自信滿滿地舉起槍，然後仔細地瞄準目標，跟著便是「砰」地一聲。

「啊！」

「打中了？」有人問。

「沒有，鴨子飛走了！」另一個人大聲地說。

朋友們尷尬地你看看我，我看看你，然而這時男子卻厚著臉皮說：「這真是太奇怪了，我還是第一次看見被打中的死鴨子會飛呢！」

好說大話，當然得自己承擔自打嘴巴的結果。

這男子爲了守住面子，將謊話硬拗，睜眼說瞎話，只是讓人更感質疑和否定。

人貴自知，不管是在什麼情況下，都要有幾分本事才說幾分話，不管是否爲了因應壓力或機會需要，待人處世都應該要實實在在，少誇誇其辭，如此人們自然會看見你我的眞才實力。同理，即使本事不足，只要自身不放言高論，也沒有人會大力否定你我的價値。

「大智若愚」的原則沒有人不知道，事實上越是天才獨具的人，越是想隱藏自己的天分。

人生中總會遇到關鍵時候，那時才是發揮才智的最佳良機。若是過度賣弄，讓對手知道了本領，有了早一步防備，想在關鍵時刻扭轉乾坤，恐怕就出現阻礙。不想被人發現自己的弱點，便要懂得收口不說大話的智慧，越想表現冷靜理性，越要有金口不輕易開的聰明。

用幽默的態度讓對方心服口服

想與人溝通或回應問題時，要多一點幽默感，多用點心思來尋找回應或回擊，才能讓對方輸得心服口服。

有位外交官被派到某個小偷橫行的國家，心想：「這裡的小偷真有那麼厲害嗎？我不相信，一定有辦法可以防範他們。」

於是有一天，他在口袋裡放了一個空錢包，並在裡頭裝了一張小紙條，上面寫著這麼一行字：「偷錢包的是豬！」

「我就不相信治不了你們！」外交官得意地心想，這下子肯定能把小偷好好地嘲弄一番。

準備妥當後，外交官獨自上街轉了一圈。在行進間，他很小心地防範著，結果小偷並未光顧，這讓他十分失望。

他頗為不屑地踱步回家，一進門便掏出口袋裡的錢包，並將紙條拿出來準備撕碎扔掉，但是當他拿出紙條時，卻發現上面的字已經被塗改了，寫著：「我今天偷了豬的錢包！」

外交官自以爲能捉弄小偷，卻被小偷反擺一道，由此看來，聰明反被聰明誤的外交官明顯不敵小偷的智巧。

那麼，智巧又該如何獲得？

有一位小提琴家竭盡所能地教育他的孩子，將自己傑出的小提琴演奏技巧和豐富的知識全數傳授給兒子。

他的兒子沒有讓他失望，不僅取得了非凡的成績，也有了傲人的成就。

有一天，小提琴家的老朋友對他說：「知道嗎？你兒子的演奏技巧已經超越了您啊！」

小提琴家滿臉自豪地說：「那是當然的，因為我從來沒有看過一位小提琴老師比得過我啊！」

聰明的小提琴家沒有直接點出自己的功勞，而是先讚美孩子的成就，接著幽默地帶出幕後功臣，導正了朋友的否定。

換個角度說，他的意思可解讀爲：「不必大刺刺地脫光讓人看見，也不必刻意設計讓人發現，聰明借助其他事物或方法來證明自己的能力，反而更能換得人們的信服與肯定。」

好像第一則故事一樣，想擺人一道，最好的方法是不動聲色。在嘲弄對方前，得先知道對方的行動計劃，而不是毫無準備就直接上場，否則只會讓人看見你性格急躁的短處。

想與人溝通或回應問題時，我們要多一點幽默感，多用點心思來尋找回應或回擊的好時機，如此才能讓對方心服口服。

思考簡化，自然減少情緒化

情緒的主控權就在我們手中，無論別人有多少複雜的想法，只要能以簡單心思回應，那麼花招再多也難敵我們的冷靜。

哈比的狗第一次在大賽中奪冠，鄰居上前向他道賀：「恭喜恭喜，你終於拿到了第一名。」

哈比一聽，糾正他說：「不對，是我的狗得到第一名啦！」

鄰居發現說錯話了，連忙道歉說：「對不起，對不起，不知道這次您的狗兒得多少獎金啊？」

鄰居還以為這次問話不會有任何問題了，沒想到哈比卻極其不悅地回答：「先生！是我得到那筆獎金！」

是狗拿到第一名，是人獲得那筆獎金，哈比的強調想必讓不少人感到困惑。

名歸狗，利歸人，聽起來似乎還蠻合乎名利均分的公平原則，但如此刻意的分別卻有些滑稽可笑。

好像下面這則故事的情況一樣，總是有人喜歡把狀況複雜化，讓原本簡單易解的問題變得困難重重。

在擁擠的公車內，有個中年男子拍了拍另一個年輕男子的肩膀，然後低聲地說：

「你是克氏成員嗎？」

年輕男子搖了搖頭說：「不是。」

「那麼，你家裡有任何人是克氏的成員嗎？」中年男子又問。

年輕男子依然搖搖頭說：「沒有。」

「那你的鄰居呢？」中年男子不放棄，繼續追問。

「他們一個也不是！」年輕男子有些不悅地回答。

「好，那你的朋友或熟人呢？」中年男子似乎沒發現對方已經十分不耐煩的臉色，仍然繼續發問。

「先生，所有我認識的人，沒有任何一個是克氏成員，好嗎？」年輕男子斬釘截鐵地說。

「這樣嗎？那能不能請你別再踩我的腳了？」中年男子平靜地說。

這男子就和哈比一樣，面對問題時，很不懂得抓重點。

試想，如果年輕男子眞是他口中的克氏成員又如何？因此就可以找到立場不同的理由，和他爭執對抗一番？又或是因此而自認倒楣算了，繼續允許對方「踩腳」？

回顧第一則故事，名利該屬於誰並不重要，重要的是名利可齊享，大可不必分得那樣清楚，那不過更顯出一個人的小器。

第二則故事裡，是哪一派的成員也不必知道，被對方踩到腳，無論是有心還是無意，簡單看待，就把它視爲一個「不小心」，然後客氣地請他移開就好，實在沒必要再試圖尋找一個衝突點，讓彼此更添不必要的情緒對立。

好比現實生活中的青年鬥毆，多少人不過是一個眨眼，就被人視爲「有心」挑釁的動作，引發莫名的風波與爭執。仔細想想，如此待人，最終損失最大的，還不是自己？

不要老怪別人來招惹，情緒的主控權就在我們手中，無論別人是否有所圖謀，或有多少複雜的想法，即使原本有心計較，只要能以簡單的心思回應，那麼對方花招再多也難敵我們的冷靜。只要能理性應對、幽默看待，堅持不與人爭執，他們也難挑起爭鬥的情緒。

凡事輕鬆看待，也輕鬆看淡吧！不愉快只存在轉眼間，仔細想想，事過境遷之後，許多事便根本不復記憶了，不是嗎？

以謙卑心態面對自然

學會了如自然般的包容關愛，並幽默看待一切，我們不僅可望因此得到更多自然助力，還能看見蘊藏在你我身上的真智慧。

一群獵人正在談論狐狸的狡猾與聰明，有個人卻反駁說：「不對，以我看來，真正狡猾的動物不是狐狸。你們知道嗎？前不久，我發現看起來像狐狸的腳印，追捕了整整一天，最後才把那隻畜牲打中。」

友人問：「那還不狡猾？你追了一天才抓到耶！」

「聽我把話說完嘛！你們可知道最後我發現什麼？」獵人得意地問。

聽眾一個個都搖頭表示不知道，這時獵人才說：「是啊！你們怎麼會知道？那時我走近一看，發現那狡猾的小傢伙居然是我家的笨狗！」

跟著獵人的腳步，不知道你跟著發現了什麼？

或許你已領悟到了，原來世上萬物以動物最狡猾聰明，至於自以爲聰明的人們，則老是在不經意中表現了自身的愚笨。在省思這個道理前，我們不妨再看下一例，然後再冷靜且理性地省思一下自以爲是的「自己」。

在湖邊，有個男子發現一名釣客的行為有些怪異，忍不住上前詢問：「先生，你為什麼要把這瓶藥倒進湖泊裡呢？」

男子冷靜地說：「是這樣的，我正在餵牠們胃藥，因為我發現這裡的魚兒胃口似乎不太好，你看我特地調了那麼多美味的魚餌，牠們硬是不肯吃，我想肯定是腸胃有問題。」

讀罷這兩則幽默卻也諷刺的小故事，想著時時自喻爲萬物之靈的人們，更讓人忍不住深思。

獵人跟了老半天，結果卻連自家的獵犬也不能分辨，再聽著男子猜測魚簍空空的原因，頓覺人類面對自然的無知與自大。

對崇天敬地的老人家來說，抬頭望天，代表著人們對天的景仰，對自然天地應有的尊敬心，至於低頭望地，則代表著人們對地的敬重，對自然大地應有的謙卑心。

無論人們表現如何卓越非凡，一切總還是得歸本自然，一如生老病死最終總還是應自然之規律變化。換言之，不論人類科技如何進展進步，最終仍得依自然運行，也始終離不開自然的養育教化。

在這幾個小小的趣味故事中，分享者想告訴我們的道理如下：「不要輕看自然萬物，相較於人，生命生生不息的運行更加偉大，人類始終得從自然萬物的身上學習成長。」

因而，面對自然萬物，不要用人類自私偏頗的角度觀看，而是要學習謙卑低頭，那不僅能讓人看見自然的包容力，更能讓人更進一步從中學會知足與珍惜的道理。學會珍惜知足，學會了如自然般的包容關愛，並幽默看待一切，我們不僅可望因此得到更多自然助力，還能看見蘊藏在你我身上的眞智慧。

孩子們的未來決定於現在

完全富足的生活供需，向來不是成就成功未來的最好支持，觀念正確的教育傳遞，才是幫助孩子成就未來的重要根基。

典獄長對一位老囚犯說：「喂！你待在這兒四年了，怎麼從未看見你的兒女來探望？他們對你真是太無情了！」

囚犯揮了揮手，十分體諒地說：「不，這真的不能怪他們！他們誰也不能離開牢房一步，又怎麼能來探視我呢？」

聽到這名囚犯這麼「幽默」的說詞，想必你也會感到啼笑皆非。

不論其中罪犯的角色，再深入一點探討他的話中之話，聰明的人早想到了「上

樑不正下樑歪」這句眞理。

看似幽默體諒親友無法到來的理由，實則道盡了家教失敗的結果。

我們都知道，兒童教育的重要，不只是因爲童心可貴，而是因爲一個人的性格、作爲都是自塑造的，若是根基沒能穩穩紮好，及至長大，必得辛苦地自行重修生活態度，甚至得重建走向未來的自信與勇氣。

笑看囚犯的自我調侃，深省生活的各種面向，在這裡不得不提醒大人們，不要用你的情緒教育孩子。

因爲，相較於故事中囚犯的情況，有更多的孩子其實是在看似建全的家庭中，由於家長的價值觀教化錯誤，慢慢地累積了錯誤的生活態度，出了社會之後，自然以錯誤的價值觀處世。

我們需要擔心的正是這一類孩子，看似規矩，看似無害，事實上卻是步步走向背離的方向。

即便有人發現，想幫助他們懸崖勒馬，可那根深柢固的偏差認知卻不是一時半刻可以改變得了的，往往要等到他們自己受了重傷後，才知道錯誤所帶來的妨害。

再舉一個經常聽聞的情況，正可說明父母言行對子女的影響。

有位高官的兒子，闖紅燈被警察攔下來。

只見他高傲地說：「你知不知道我爸爸是誰？」

這名警察聽了，冷笑著回答說：「我只知道你闖紅燈，至於你爸爸是誰，我想你問你媽會比較清楚。」

佩服員警的機智幽默和秉公執法同時，卻也不禁替這個孩子感到憂心。姑且不論家庭背景帶給他什麼樣的態度觀念，光是無視交通規則硬闖紅燈的動作，就充滿著危險，一旦有任何狀況發生，受到傷害的終究是他的家庭。誰料得著硬闖過紅燈後，不會造成一個終生遺憾的悲劇？

再想一想，有多少父母不是載著孩子闖紅燈，或無視應該遵守的秩序，強行插隊、爭搶？

或許這些動作很平常，但轉身看著孩子們瞪大了雙眼，不知所措地站在父母身邊，耳濡目染間，他們其實也學會了「違規」與「爭執」，並從此誤認爲這是「正確」的生活態度。

做任何動作之前，請多爲孩子想一想，那不會耽誤我們太多時間。

完全富足的生活供需，向來不是成就成功未來的最好支持，觀念正確的教育傳遞，才是幫助孩子成就未來的重要根基。

10

有一點爭吵，更能恩愛到老

將「鬥嘴」化為幽默的對話，
能為感情增添溫度，穩定婚姻狀況。
床頭吵、床尾和，雖然吵吵鬧鬧，
也能恩恩愛愛相伴到老。

幽默看人生，可以心平氣靜

幽默讓人看得遠，能夠正視面前的困擾。以幽默的眼光看事，雖然不能改變事實，卻可以讓人平心靜氣面對一切。

「周太太，」一女子高聲對排在隊伍中等待結帳的女士喊道：「退休以後的生活過得如何啊？是不是每天睡到中午才起床？」

「不，」這位斯文的老太太說道：「我還是把鬧鐘調到六點三十分，它一響，我就坐起來對它做個鬼臉，然後繼續躺著呼呼大睡！」

很多人生活失去目標，就不懂得生活了，但是這位老太太卻可以用輕鬆、幽默的態度來面對生活。

人生難免碰上低潮、不順遂的時候，不管是課業壓力、工作問題、人際衝突、感情煩擾、家庭紛爭……等等，既然人生旅途不可能一帆風順，那我們就要隨時做好面對逆境的準備。

面對逆境最好的辦法，就是笑。

人生過程，和笑話的結構差不多，人們受到笑話開頭的吸引，接著期待笑話的內容，雖然最後的結果和所希望的有點差距，但是我們還是能從其中得到趣味。

貝爾納一天去餐廳吃飯，對廚師很不滿意。

「把你們負責人叫來。」付帳時，他對侍者說。

餐廳經理來後，貝爾納對他說：「請擁抱我。」

「什麼？」經理不解地問。

「請擁抱我！」

「到底是怎麼回事？先生。」

「永別吧，您以後再也見不到我了。」貝爾納對經理說。

有時候只是生活上一件小事，就可能影響自己的心情。也許出門踩到狗屎、開車超速被照相，甚至懷抱著期待心情去買晚餐，結果最想吃的食物賣完了，或者味道不如往常而心生失落。

面對這些情況，我們只能一笑置之，就像貝爾納藉著擁抱，告知對方，自己永遠不會出現在這家餐廳裡。

法國作家馬塞・帕格諾爾六十七歲時，出席馬賽市一所以他的名字命名的學校開學典禮。

他對學生說：「我看見我的姓名以斗大的金字寫在學校的大門口上，可是，我更希望見到它以紅色小字寫在學生名冊上。」

幾個月後，有人問他：「你願意做個什麼樣的人？」

他答道：「任何在二〇〇〇年還活著的人。」

這位著名作家雖然感慨歲月在不知不覺中消逝，卻仍以幽默口吻正視這個事實。

如果可以用幽默的態度回顧過去的事情，那麼當時造成的傷害、遺憾、失望，都能輕鬆釋懷。

幽默讓人看得遠，不欺騙自己，且能夠正視面前的困擾。以幽默的眼光看事，雖然不能改變事實，卻可以讓人平心靜氣面對一切。

笑的能力是與生俱來的，沒有人可以剝奪，每個人都有幽默感，別讓自己的天賦白費了，好好利用，並享受它。

幽默哲學讓彼此長存幸福感覺

要有美滿的婚姻，就用「哲理」的角度來看待事情，或許沒辦法解決「家庭問題」，不過，卻能做到讓自己不受干擾。

一對夫婦結婚多年，感情依然如昔，人們好奇請教他們的婚姻之道，丈夫笑而不答，指了指牆上貼的一張家規：

一、妻子永遠是對的。

二、如果妻子錯了，請參閱前一條。

父親在一場晚會中抽到一個漂亮的玩具，回家之後，立即將三個小孩叫到面前，說道：「這個玩具，我要送給最孝順的人。誰從不和媽媽頂嘴，而且最依從媽媽的話？」

三個小孩異口同聲答：「爸爸最有資格。」

有個心理學教授開玩笑說：「看到自己不對，立即讓步的人，是個謹慎的人；明知道自己對，仍然讓步的人，是個『結了婚的人』。」

現今發生的社會新聞，越來越多家庭悲劇產生。很多人爲了一些無關緊要的小事起爭執，長期累積下，一次爆發開來，造成無可彌補的悲劇，這些都是起源於彼此不能讓步。

從前有個人，在家裡常常受老婆的氣，可是在外邊，卻死要面子，自誇是一個「最不怕老婆的大丈夫」。

有一天，這人去趕集，見一群人圍著一位面相先生看手相，便擠進去看熱鬧。

面相先生口中唸唸有詞，說道：「男人手如綿，身邊有閒錢。女人手如薑，錢糧滿箱倉。」

這人聽了喜不自禁，拍手大叫起來，說：「這可好了，我交上了好運啦！」圍觀的人問他交上什麼好運，他說：「我老婆就是手如薑哪！」

相面先生奇怪地問道：「你怎麼知道的呢？難道你也會看手相嗎？」

這人得意地做了個手勢，接著說：「昨天她掌我一個嘴巴，直到現在臉上還辣呼呼的呢！」

即使受了老婆的氣，還能保持樂觀，用「好運」的態度來看待，婚姻才能度過一次又一次的考驗。

哲學家蘇格拉底有一個兇惡的老婆。某一次，蘇格拉底正與一群學生一起討論哲學，他的「悍婦」氣呼呼的走過來，劈頭就是大罵。

所有學生都為蘇格拉底感到難過，他自己卻平靜的聽著，一句話也沒說。事後，一個學生問他：「老師，師母那麼嘮叨、那麼凶狠，您怎麼受得了啊？」

「我已經習慣了。你應該不會在意一隻鵝在你身旁『呱呱呱』叫個不停的聲音吧！」蘇格拉底說。

「鵝呱呱叫雖然很煩，至少牠會生蛋啊。」學生又說。

蘇格拉底笑著說：「那還好，我老婆也會生小孩。」

要有美滿的婚姻，就必須像蘇格拉底般，用「幽默的哲學」的角度來看待事情。或許他沒辦法解決「家庭問題」，不過，卻能幽默看待，做到讓自己不受干擾。同樣的道理，也能運用在生活中。

或許下次，當你的老婆又爲了誰該煮飯這種事和你起爭執時，可以告訴她：「親愛的，並不是我不會煮飯，而是我覺得，妳煮的飯一定比我煮的更香。」

幽默對待另一半是另一種浪漫

傳達感情的時機無所不在，在感情中帶入幽默感，才不會讓感情隨著時間平淡，反而能像陳年老酒般，越陳越香。

一個太太去算命，算命的對她說：「妳命中注定要嫁兩次，第二任丈夫是個聰明體貼，心地又善良的人。」

太太回到家中，就把算命先生的話告訴了丈夫。

丈夫驚訝地說：「我不知道妳曾經結過婚，不過我不在乎。說實在的，妳還真有眼光，選到了我。」

聽到算命先生的話，做丈夫的不但不生氣，反而還藉此自誇一番。短短幾句話，不但能避免爭吵，還爲婚姻增添情趣。

一個幸福的婚姻，多少都要有幽默做爲調劑品。沒有一個婚姻是完全處於最佳狀況，總有爭吵、冷淡、乏味的時候，如果家庭中能多一點逗趣事情，那麼氣氛也會更歡樂。

從前有個老書生，讀了大半輩子的書，到頭來卻一事無成。七十歲那年，突然生了個兒子，老年得子的他好不高興，為兒子取名叫「年紀」。

第二年，二兒子接著出世了，他心想：「這孩子真可愛，長大後一定聰慧過人，才華出眾。」便給二兒子取名叫「學問」。

第三年，三兒子跟著呱呱墜地。

這時候，他卻覺得好笑，捋著白花花的鬍子說：「都這把年紀了，還生下這個孩子，真是笑話，笑話！」

於是，他就叫三兒子取名為「笑話」。

三個兒子慢慢長大成人，可是每天閒閒在家，一事無成，老書生看他們沒事可做，就要他們上山打柴。

聽了父親的話，老大埋怨個幾句，臭著臉慢步踱出門，老二心裡不大高興，摸了一陣子才出門，只有老三老老實實地馬上動身上山去。

到了傍晚，三兄弟各自走回家。老大拿著一把柴，老二空著兩手，獨有老三挑著滿滿一擔柴。

夜裡，老書生醉醺醺地回來，問妻子道：「三個兒子，誰砍的柴多呢？」

妻子答道：「年紀有了一把，學問一點全無，笑話倒有一擔！」

老書生聽了，不禁愕然，苦笑著說：「妳這是在說我呀！」

幽默、充滿感情的話語，可以勾起人們潛藏在內心深處的熱情。

男女之間，女方總是不厭其煩，噼哩啪啦告訴另一半一天發生的大小事，希望能和對方分享生活的喜悅。

如果說話的方式幽默一點，兩個人的生活便會多一點浪漫。

丈夫：「從各方面看來，我都比妳強，可是有一點我不如妳。」

妻子開心的問：「哪一點？」

丈夫：「妳的愛人比我的愛人強。」

「我愛妳」雖然動人，久了也會趨於公式化，表達感情的方法有很多種，傳達感情的時機也無所不在，在感情中帶入幽默感，才不會讓感情隨著時間平淡，反而能像陳年老酒般，越陳越香。

怕太太的男人才是真的心胸寬大

唯有心胸寬大的男人，才能發自內心包容妻子的一切，用詼諧來調侃自己，用笑聲化解戾氣。

從前，有一個人很怕老婆。

有一天，他趁老婆外出不在家的時候偷吃一盒年糕，到了晚上，老婆回來發現了，不但把他狠狠罵了一頓，又罰他跪到三更半夜才准上床睡覺。

第二天，他越想越難過，不知自己的命為什麼這樣不好，就到街上找算命先生替自己算算命，看看有沒有機會改運。

算命先生問他：「請問貴庚多少？」

他趕忙回答：「沒有跪多久，只跪到三更。」

算命先生說：「我不是問這個，我是問你年高幾何？」

他說：「我還敢偷吃幾盒？只吃了一盒。」

自古以來雖是男人當道爲多，但是仍有不少怕太太的人。懼內的老公是否就是個膽小鬼，喪失男性的尊嚴呢？

其實不然，這是成熟、有智慧的男人應有的度量。

老百姓張三因為有功於縣官老爺，因此縣官老爺決定好好犒賞他，問張三：「你希望我賜給你什麼呢？」

張三想了想，說道：「我想請您寫一道命令，讓每一個怕老婆的人，都向我繳納一頭驢。」

縣官老爺於是照他的話做。張三拿到命令後，開始到處打聽哪裡有人怕老婆的，並且出示縣官命令。

過沒多久，張三趕著一大群驢子回來了。

縣官老爺見了大吃一驚，心想：「在我的管轄區中，怎麼會有那麼多怕老婆的人呢？」

第二天，張三再次晉見縣官老爺，向他報告狀況，並陳述沿途的所見所聞：「老爺，這次出門，我遇見了一個絕世美人，她臉似芙蓉、膚如白雪，還有個櫻桃小嘴。除此之外，她體態輕盈、嫵媚多姿、溫柔典雅，又多才多藝。我已經瞞著眾人為您弄來了。」

縣官老爺喜得眉開眼笑，連忙用手示意張三道：「小聲一點。我老婆就在隔壁，如果被她聽見了，肯定會大吵大鬧。」

張三聽了站起來說：「哈哈！老爺，您也是怕老婆的人，命令是您訂的，所以罪加一等，處罰也應該加倍，快給我兩頭驢吧！」

有一個主管在某次聚會時，要在場所有男性員工怕老婆的站右邊，不怕老婆的站左邊，結果全部男人都往右邊站，只有一個小職員站在左邊。

主管見這個內向的職員竟然不怕老婆，希望能向他討教幾招，高興地問：「你為什麼不怕老婆？」

職員吞吞吐吐，小聲說：「我老婆說，不能往人多的地方站……」

新文化運動創始人胡適，也是以「怕老婆」出了名。他不僅把「怕老婆」當做自己的口頭禪，還曾經用巴黎的銅幣當做「怕太太協會」的勳章，因爲上面鑄有「PTT」字樣。

除此之外，胡適還發表了他著名的「三從四得」論：太太出門要跟從，太太命令要服從，太太說錯要盲從；太太化妝要等得，太太生日要記得，太太打罵要忍得，太太花錢要捨得。

唯有心胸寬大的男人，才能這樣發自內心包容妻子的一切。「妻管嚴」還能泰然處之的男人，除了有修養外，更有幽默感。

希望這樣的典範能給所有「懼內」的男人一個鼓勵，面對「惡劣」環境，能用詼諧來調侃自己，用笑聲化解戾氣。

適度吃醋會產生微妙情愫

幽默表達醋意的方式，是一種健康的行為，每個人都應該適當攝取，用幽默當碗碟，盛著「醋」愉快的喝它。

一個住院的年輕空軍士兵，請一個好心的護士，帶給他太太一個口信。

你告訴她：「這裡的護士沒有一個是漂亮的。」

護士聽了不高興地說：「你這樣說會不會太過分了點！」

「是的。」那個空軍士兵笑著解釋說：「不過，不這樣說的話，我老婆會胡思亂想的。」

「吃醋」在感情世界中，是一種激情愫，只要適當適量，就能讓雙方更甜蜜。

可是，醋罈子若是過大，就會變成一種毒藥，傷人害己，好的醋，味道不用濃，能入口才是重點。

唐太宗年間，宰相房玄齡懼內是出了名的。

一日，唐太宗宴請開國元勳，酒足飯飽之際，唐太宗乘著酒興和幾分醉意，賜給房玄齡兩個美人。

房玄齡也糊裡糊塗地收了兩位美人，直到酒醒後，一想到家中的妻子，擔心得不知怎麼辦才好。

同僚見了紛紛為他打氣，並告訴他，老婆再兇，也不敢違抗皇上聖旨，對所賜美人不善，房玄齡聽了，這才放膽地將兩個美人領回家。

不料，房玄齡的老婆才不管皇上不皇上，不僅大發雷霆，指著房玄齡大吵大鬧，還大打出手，將兩個美人趕出府邸。

這件事被唐太宗知道後，想壓一壓房玄齡夫人的橫氣，便召她來問罪。

唐太宗指著兩位美女和一罈「毒酒」對房夫人說：「我也不追究妳違旨之罪，

這裡有兩條路任妳選擇，一是領回二位美女，一是喝了這罈『毒酒』。」

房夫人見事已至此，知道自己年老色衰，一旦這二女進府，自己遲早要走違旨抗命這條路，與其將來受氣而死，不如喝了這罈「毒酒」痛快，便毫不遲疑舉起罈子，「咕嚕咕嚕」將整罈「毒酒」一飲而盡。

飲盡「毒酒」之後，房夫人身體沒有任何異樣，原來那罈子裝的是晉陽清源的食醋，根本無毒。

唐太宗見房夫人這樣的脾氣，歎了口氣道：「房夫人，莫怨朕用這法子逼妳，妳妒心也太大了。不過，念妳寧死也戀著丈夫，朕收回成命。」

房夫人「吃醋」傳說成了女人嫉妒的代名詞。

看到另一半與異性來往，會吃醋是正常的，萬一沒有任何感覺，兩人的感情才要亮起紅燈。

但是，人活著，就不可能不和人接觸，接觸的人中，一定會有和自己不同性別的人，若對每一個和另一半來往的異性都得喝上一罈醋，被酸死的肯定是自己。

有個醫生太太看著丈夫爲年輕女病患觸診，心裡難免吃味，診療結束後，便對丈夫說：「我眞希望你摸的人是我。」

這樣幽默表達醋意的方式，不但無傷大雅，反倒讓老公覺得老婆吃醋的小臉很可愛。

「吃醋」是一種健康的行爲，每個人都應該適當攝取，用幽默當碗碟，盛著「醋」愉快的喝它吧。

用幽默的話語傳達情意

愛情並非堅貞的海誓山盟建構出來的，而是呈現在生活的點滴中。不管是隻字片語，或者一個小動作，都能傳達愛意。

過農曆除夕夜時，丈夫對妻子說：「以前我們行房時，每到高潮，妳都叫『啊！我要死了！』明天是新年正月初一，不可以說『死』字，妳要記住！」

妻子答應了。第二天行房時，妻子到了高潮，仍同於以往叫法，丈夫怪她犯了禁忌。妻子說：「沒關係，像這種死法，一年死到頭也不錯。」

聰明的戀人或夫妻，懂得把握時機，送上自己的柔情蜜意，讓對方沉醉其中。

愛情是一種感情遊戲，一句得體的話，往往能打動對方那渴望被愛滋潤的心靈，一顆幽默的心能讓感情長長久久。

有個很愛護妻子的丈夫，決定在老婆生日那天，送她一件特別的禮物。苦思之下，他終於想到要送老婆一件最流行且名貴的胸罩，既可以討她歡心，也可以表示親密。

他來到一間女性內衣專門店，說明了來意，並表示貴一點也沒關係。女店員聽了，便問他尺碼。

「尺碼？」丈夫搖搖頭，苦笑著說：「我不知道什麼是尺碼。」

女店員沒辦法，只好問：「你只要告訴我，是不是和麻豆文旦一樣大？」

「不是，不是！還要再小一點。」

「那麼，是不是和麵包一樣大？」

「也不是。」

「喔！我知道了。」女店員點了點頭說：「一定像拳頭那麼大。」

看見那個丈夫一直苦笑著搖搖頭，女店員終於忍不住了，小聲問他：「難道只有雞蛋那麼大？」

「對了，就是雞蛋那麼大。不過，請妳注意，是荷包蛋。」

多數男人希望老婆有個好身材，但是，一對契合的夫妻，絕對不是以這些外在條件爲依據。歲月會流逝，人會老，擁有眞愛的夫妻，會用「幽默」角度來看待彼此的缺陷。

「荷包蛋」這個形容詞，對他們來說不是一種侮辱，而是一種情趣。

一間豬肉店的胖老闆正和老闆娘吵嘴時，一個客人剛好進來買肉。見到有人，老闆娘只好先忍住氣，招呼顧客。

就在這時候，送貨的人扛來一頭肥豬，腳步蹣跚的走進來。

「真是一頭肥豬。」客人對老闆娘說。

「你說得對！」她嘆了口氣道：「不過他待我還算不錯，每天早上，我還沒有起身，他就端杯熱茶來給我了。」

現實生活中，愛情並非堅貞的海誓山盟、感人的承諾建構出來的，而是呈現在生活的一點一滴中。

不管是隻字片語，或者一個小動作，都能傳達愛意，愛情要長久，不可能永遠轟轟烈烈，難免會有趨於平淡的時候。如果能讓「幽默」的力量進入愛情，就能快樂分享生活，在笑聲中一同成長。

有一點爭吵，更能恩愛到老

將「鬥嘴」化為幽默的對話，能為感情增添溫度，穩定婚姻狀況。床頭吵、床尾和，雖然吵吵鬧鬧，也能恩恩愛愛相伴到老。

村裡有個大財主的兒子舉行婚禮。

當僕人抬著禮金走過大街，經過迂公家門前時，迂公見了盛滿禮金的竹筐，對妻子說：「我跟妳打賭打賭，看看誰能猜中那裡面裝有多少禮金！」

妻子估量了一下說：「大約有兩百兩金子。」

迂公跟著說：「我看不止，少說也有五百兩。」

妻子懷疑地回答：「五百兩？太離譜了，不可能那麼多！」

可是，迂公仍堅持說：「我說五百兩就有五百兩！」

兩人就為了這件事起了爭執，愈說愈氣，動手打了起來。

妻子打不過迂公，只好說：「好，我就讓一讓你，就三百兩怎麼樣？」

迂公聽了又摑妻子一巴掌：「三百兩我也不依妳！」

鄰人見了，紛紛前來勸解道：「為了一點小事，夫妻不和，這值得嗎？」

沒想到迂公一點也不受用，反而惡狠狠地答道：「還有兩百兩金子沒有弄明白，怎能說是小事呀！」

夫妻之間的爭吵，很多時候都是爲了證明自己是對的。爭吵能幫助夫妻找出問題，改正錯誤，對婚姻來說也是維持平衡的方法。但若只是爲了攻擊對方而口出利刃，甚至大打出手，可就不是一件好事。

面對反對、質疑或批評，與其激烈爭辯或惡言相向，倒不如試著用幽默的話語試著改變對方的心理。

幽默是話不投機的救生圈。當你忍不住想要說出自己的想法，不妨利用幽默的方式表達，不只效果會加倍，也可以瞬間緩和原本僵持對立的氛圍。

有一位婦人和丈夫結婚八年，生活平淡，兩人間也漸漸失去情趣。某天早晨，她看著後院養的雞，對丈夫說：「親愛的，這隻雞我們也養了八年了，最近不太下蛋。何不把牠宰了，慶祝我們結婚八年呢？」

「這樣太殘忍了，」丈夫嘆氣道：「為了八年前我們犯下的錯誤，就要把雞殺了，這又不是牠的錯！」

妻子聽了不僅沒有任何不悅，甚至露出久違的笑容說：「說的也是，我們這八年來從吵吵鬧鬧到『無言相對』，也不能叫牠負責。」

簡單的對話後，夫妻倆挽起手，甜甜蜜蜜的走進屋內。

故事裡的夫婦雖然在婚姻中遇到瓶頸，可是由於丈夫一句幽默的話，化解了兩人「冷淡」的關係，爲生活注進一股暖流。

有一對英國夫婦，一起實現了五十年前結婚時許下的共同心願——金婚紀念日那天，兩口子一起吃了當年朋友送的雞肉罐頭。

兩人在第二次世界大戰結束不久後結婚，當時人民多半貧窮，收到雞肉罐頭的結婚禮物時，小倆口就約定將它留到金婚紀念日再吃。

這兩人的婚姻生活，當然也有種種不如意之處，但是「爲了能一起吃雞肉罐頭」，兩人克服萬難，終於走到這一天。

婚姻生活有高潮也有低潮，難免發生爭吵。如果能彼此容忍、體諒，用幽默的態度打破兩人之間的沉默倒也能在平淡中得到幸福。

將「鬥嘴」化爲幽默的對話，能爲感情增添溫度，穩定婚姻狀況。床頭吵、床尾和，雖然吵吵鬧鬧，也能恩恩愛愛相伴到老。

懂得吵嘴學問，感情越吵越好

吵嘴中，若能就對方的攻擊點去思考，做出另一種論調，也可以巧妙反擊回去，保住了尊嚴，也留住彼此的感情。

一個已經成家的博士班學生，趕著要交論文，不斷催太太快點打字，還打趣說：「如果讓我再結一次婚，一定要娶一個字打得又快又正確的老婆。」

妻子聽了則回嘴說：「你的主意倒不錯。如果我再嫁人，一定要嫁一個已經拿到博士學位的老公。」

當丈夫取笑妻子打字慢，換一個老婆會更快時，妻子不但不生氣，反將丈夫一軍，表示換個老公才是好主意。她藉著幽默感，推翻了丈夫的嘲弄，替自己解了圍又不破壞氣氛。

如果「吵嘴」是婚姻中不可缺少的一部分，那麼就要懂得吵架的學問。若無法用溫柔的言語笑鬧帶過，也不要自投羅網，跳進攻擊和侮辱的言語中。

斯里蘭卡有個老頭兒，只有一個女兒，已經出嫁了。有一天，他打算到女兒家轉轉，看看她生活過得如何，是否安好。

女兒見父親來看望她，盡心盡力招待父親。女兒把父親安頓得舒舒服服，又跑到廚房裡用水磨米粉做糕點，這種糕點好吃極了，老頭兒吃得很滿意，問女兒：「這糕叫什麼名字？」

女兒回答：「這是甜米糕。」

老頭兒吃飽喝足之後，看到天色已晚，告別了女兒，急急忙忙回家去。因為忘不了那甜米糕的滋味，打算將糕名記下來，回家要老太婆做給他吃。

一路上他不停地嘟囔著：「甜米糕，甜米糕。」

在路上碰上熟人，他除了像往常那樣問聲「你好」外，還要加上一句「甜米糕，甜米糕」。離家越近時，老頭兒就越走越快，腳步越來越亂，突然，他的腳趾踢到一塊石頭，疼得大叫起來：「哎喲，我的腳趾頭！我的腳趾頭！」

但是他並沒有停下來歇一歇，還是一拐一顛地繼續趕路。由於腳痛難耐，每走幾步，他就停下來揉揉腳，還一邊喃喃自語地說：「腳趾頭，腳趾頭。」不知不覺中，已經把「甜米糕」改成「腳趾頭」了。

最後，他總算回到家，急急忙忙對老伴兒說：「咱們的女兒做了非常好吃的『腳趾頭』，那是他們村裡的特產，真是好吃極了，快做一些來吧。」

「『腳趾頭』？那是什麼東西？」老太婆狐疑地說：「我這輩子還沒聽說過這種東西呢！」

「妳可真是個好老婆呀！我都六十出頭了，還沒吃過妳做的『腳趾頭』呢，女兒都會做了，妳卻連這個名字都沒聽說過，虧妳說得出口！」

老太婆被逼急了，也提高嗓門叫起來：「咱們一起生活了這麼多年，從來沒聽你說過一句中聽的話。你就知道嘮叨，嘮叨！真煩人！無論我為你做什麼事，你都不滿意。你還有沒有良心呀？這老不死的……」

老頭兒惱羞成怒，大罵起來：「老妖婆，妳給我滾出去！」

老倆口越鬧越凶，叫罵聲驚動了鄰居，人們紛紛跑來看熱鬧。一個鄰居看到老太婆吵架的樣子，說道：「喲！瞧她的嘴巴，噘得像塊甜米糕！」

老頭兒聽見這個忘了的詞，喜出望外，大叫起來：「就是它，就是它！我要吃的就是『甜米糕』！」

旁人聽了哄堂大笑，老頭兒不好意思的牽起羞紅臉的老太婆，甜甜蜜蜜走進屋裡去。為了一個「甜米糕」，可以從屋內吵到屋外，但也因為「甜米糕」，增添兩人的情趣。

吵嘴中，若能就對方的攻擊點去思考、理解，做出另一種論調，也可以巧妙反擊回去，保住了尊嚴，也留住彼此的感情。

下一次另一半罵你是個笨蛋時，不妨告訴他：「這個笨蛋是你選的！」相信他聽到這句話，也會忍不住哈哈大笑！

11

用風趣感染眾人的情緒

維持場面氣氛和諧的能力，
是現代人必須注重的。
風趣、活潑具有感染力，
讓自己帶著燦爛笑容和別人來往。

幽默能使自己處處受歡迎

幽默的最大目的，就是希望對方能和自己共享樂趣，避開讓人不愉快的話題，將注意力導向輕鬆面。

英國首相邱吉爾過七十五歲生日時舉行了盛大的茶會。一名年輕的新聞記者參加茶會，真誠的對邱吉爾說：「真希望明年還能來祝賀您的生日。」言下之意就是祝賀邱吉爾能健康長壽。

沒想到，邱吉爾聽了這話卻拍拍他的肩膀說：「年輕人，我看你身體這麼壯，應該沒問題。」

人們容易被談吐幽默且風趣的人吸引，對他們產生好感。這是因爲與人來往時，和一個不苟言笑、正經八百的人相比，通常人們會比較傾向尋求一個能讓自己快樂的對象。

幽默感和一個人的人生態度、生活感受都有關係。或許你會說：「怎麼辦？我就是天生沒有幽默感！」

別擔心，只要多多觀察那些受歡迎的人是如何展現他們的魅力，相信你也能找出一套屬於自己的幽默風格。

有一次，生物學家赫胥黎講完課，問他的學生是否有不清楚的地方。

有一個學生回答說：「先生，只有一部分不清楚，就是您站在我和黑板中間，遮住我視線的那部分。」

赫胥黎風趣地回答道：「我已經用了最大的力氣使自己講清楚課程，這樣看來，我還是沒本事讓自己變透明。」

有一位西方名作家訪問日本，應邀到一所大學演講，由於大多數學生的英語聽力都不是很好，所以請了一位心理學教授臨時為他翻譯。

這位名作家說了一個又長又有趣的故事，一口氣講完後才停下來，請教授把故事譯成日語。

只見這位教授開口才幾秒鐘，就傳來滿堂笑聲。

課後，這位作家向這位臨時翻譯表示感謝，並請教他：「請告訴我，你是如何把我那麼長的故事用日語翻譯得那麼短呢？」

「我根本就沒翻譯那個故事。」心理學教授直接了當地笑著說：「我只是說，『尊敬的先生剛才講了一個有趣的故事，請諸位都放聲大笑！』」

戲劇家蕭伯納成名以後，許多人用各種理由來拜訪他，讓他不堪其擾。

有一天，英王喬治六世前去訪問這位文豪，寒暄之後，兩人很快就相對無言了，蕭伯納更是連多說一句話的興致都沒有，兩人只好沉默對坐。

過了許久，蕭伯納看英王遲遲沒有離去的舉動，便慢慢地從口袋裡掏出懷錶，然後一個勁地盯著錶看，直到英王不得不起身告辭。

事後，有人問他喜歡不喜歡喬治六世，蕭伯納微微一笑，風趣地回答：「當然，在他告辭的時候，確實使我高興了一下。」

幽默的最大目的，就是希望對方能和自己共享樂趣，避開讓人不愉快的話題，將注意力導向輕鬆的一面。

只要能領會其中的學問，就能讓自己成爲一個受歡迎的人。

用風趣感染眾人的情緒

維持場面氣氛和諧的能力，是現代人必須注重的。風趣、活潑具有感染力，讓自己帶著燦爛笑容和別人來往。

有一天，蘇格蘭詩人貝恩斯在泰晤士河畔的大街上散步，正好看見一個溺水的富翁被人從河裡救了上來，那個冒著生命危險營救富翁的窮人，竟然只得到一個銅板作為報酬。

圍觀的行人都被這個富翁的吝嗇行為激怒了，起鬨要把他再扔回河裡去。這時，貝恩斯上前阻止道：「放了這位先生吧，他十分瞭解自己的價值！」

在社交場合碰到無法解決的狀況，神情尷尬、沉默不語只會讓場面更加難堪。

不如運用幽默的力量，正視問題，進而解決它，不但可以扭轉局勢，也可以讓別人對你留下一個好印象。

法拉第是十九世紀英國物理學家和化學家，也是第一部馬達和發電機的發明者，以及近代磁學的奠基人。

有一次，法拉第應邀發表一篇關於電磁感應理論的演講，前來聽講的成員從碼頭工人到貴族、教授，各階層人士都有，大家一律平等，先來的有位子坐，晚到的只好坐走廊。

結束後，一個無知又傲慢的貴婦人，有意當眾挖苦他，便問：「請問教授，你講的這些東西有什麼用呢？」

只見法拉第一點也不氣惱，反而詼諧地反問：「夫人，您能預言剛生下來的孩子有什麼用嗎？」

大文豪蕭伯納的戲劇中，常常揭露資本家醜惡的面目，因此，那些大富翁們對

他又氣又恨。

一次，有個富翁想在大庭廣眾的場合羞辱蕭伯納，便揮著手大聲地說：「人們都說，偉大的戲劇家都是白癡。」

聽了這番謾罵，蕭伯納不在意的笑了笑，隨即回敬道：「先生，我看你就是最偉大的戲劇家。」

這些在學術上、成就上被攻擊的名人，都有一套應對的方法。他們幽默的言語，不僅化解了場面的氣氛，還博得好名聲。

維持場面氣氛和諧的能力，是現代人必須注重的。

我們都有進入社交圈的一天，如何讓自己在其中處之泰然，是否具備足夠的幽默感便是一個重點。

風趣、活潑具有感染力，能讓自己帶著燦爛笑容和別人來往。

用幽默的心情看待人生

生活中處處都有歡樂！只要用心觀察，不僅止於言語，任何有聲、無聲的標語，都可能是激發笑聲的果實。

世界，就是幽默的舞台，無時無刻，我們都可能在生活中發掘、製造出幽默。尤其是讓我們煩擾的事情、常犯的錯誤，或者是某種缺陷，都能轉化成幽默題材，進而幫助自己面對問題。

某一天，大頭到市集買了一張新桌子，打算揹著回家，才走到半路，天已經暗了下來。桌子又大又重，累得大頭滿身是汗，他越想越氣，於是丟下桌子罵道：「兩條腿的揹四條腿的，實在太不公平了！好，老子把你丟在這兒，看你怕不怕！」說罷，便自顧自地走了。

回到家裡，妻子問起桌子，他沒好氣地說：「我把它丟在大路旁了！」

妻子聽了，怕桌子被人拿走，急忙催他快去搬回來。

大頭只好提著燈籠回到原來的地方，一看桌子還在，便伸手想搬起來。誰知一摸，桌面上到處是密密麻麻的露珠，濕漉漉的。大頭好不得意，笑道：「半夜獨個兒在這裡，嚇出一身冷汗啦，現在該老實點了吧！哈哈……」

馬丁路德曾說過：「如果天堂裡不准笑，我寧可不上天堂。」

生活中處處都有歡樂！只要用心觀察，就能讓每天在笑聲中度過。生活的幽默不僅止於言語，任何有聲無聲的標語，都可能是激發笑聲的來源。

上下班或假日出遊時的塞車陣仗，是否讓你覺得痛苦和疲倦？那麼請看以下幾則汽車標語，必能讓你在惱人的車陣中，仍能享有輕鬆的心情。

「當您看到這行字時，就表示您的車離我太近了。」

「駕齡兩年，第一次摸車！看著辦！」

「就當我是紅燈。」

「別看我，看路！」

「我是盲人。」

只要能注意日常生活的小細節，即使是令人感覺悲傷的「墓誌銘」，也能使你有個愉快的心情，以下就是幾則妙語。

「啊，我終於知道了人類最大的秘密！可惜我無法告訴你！」

「我從前是個胖子，現在和所有躺著的人一樣有骨感！」

「別老盯著我的房子，你也會有一間的！」

「謝謝你來看我，我會時常上去看你的。」

「禁止在此小便，違者沒收工具！」

「我這裡三缺一，就缺你了。」

「歡迎光臨，有事敲門！」

讓自己灑脫，便能快樂生活

犯不著怒目相向，在可以選擇的範圍內，何妨讓自己灑脫一點，用幽默的方式看生活，帶著笑容離開傷害你的人。

「你說，你要怎麼解決這件事情？」

一個從外地回來的丈夫，當場看到他的妻子和一個男人裸體躺在床上。他憤怒地抓住那個男子的上臂，嚇得那男子支支吾吾，不知該怎麼辦才好。

「你不知道該怎麼辦是不是？那我告訴你，你只要幫我付清離婚費用，她就完完全全地送給你。」

如果每一段不愉快的戀情，都能用幽默手法來解決，那麼人與人之間就會更和諧，而不會有那麼多社會問題產生。

與人交往時，難免遇到和自己理念不合、頻率不同的人，但因爲某種理由，卻不得不選擇繼續忍受。

很多時候，會聽到有人一再批評某人，那個人對他而言，其實可有可無，問他爲什麼不乾脆遠離那人時，卻又說不出個所以然來。

蘇軾曾在〈范增論〉中提到：「合則留，不合則去。」若是發現再怎麼努力，依舊無法和某人愉快相處時，最好的辦法趁早抽身。

從前有個富翁，生了三個女兒，大女兒和二女兒都嫁給了秀才，只有小女兒嫁給一個普通老百姓。

有一天，富翁生日，三個女婿一起前來祝壽。富翁眼裡只看得見大女婿和二女婿，覺得他們談吐斯文，卻對小女婿不理不睬，認為他說話十分俗氣。

酒席上，富翁說：「今天雖然沒什麼好菜招待，但是份量絕對夠。大家盡量吃，別客氣。不過，酒席上不許說些亂七八糟的話。」

酒過三巡，岳父舉筷請大女婿吃菜，大女婿欠了欠身，回答道：「君子謀道不謀食。」富翁聽了十分高興。

喝到興致正濃的時候，岳父又再舉杯請二女婿喝酒，二女婿立即起身回答道：「惟酒無量，不及亂。」富翁也覺得很歡喜。

岳母見丈夫只勸大女婿、二女婿吃喝，怠慢了小女婿，就舉杯請小女婿喝酒。小女婿也舉杯站起身來，對岳母說：「哈，我和妳酒逢知己千杯少。」

富翁一聽，這話根本不對頭，而且有些曖昧，就怒氣衝衝地罵了起來：「畜生！你說的是什麼話？」

小女婿也發火了，摔了杯子大聲說：「哼，我與你話不投機半句多。」

由於富翁對小女婿已先存偏見，不管他表現如何，富翁都不會欣賞。深知此道的小女婿非常乾脆，既然不喜歡，也沒必要自取其辱。

人本來就是處於一個不合理的世界，也很難擁有十全十美的人際關係，有些人，不是你用心相對，就能和平相處的。

讓自己處於不快樂的環境，只會讓體內細胞在負面情緒中不斷死亡。

此處不留人，自有留人處，不過，也犯不著怒目相向。

在可以選擇的範圍內，何妨讓自己灑脫一點，用幽默的方式看生活，帶著笑容離開傷害你的人。

對的時間話說對，才能事半功倍

某些時候，幽默可以安慰一個傷心的人，有時候卻會造成反效果。什麼可以說，什麼不能說，都必須視當時情況而定。

某一天早上，老闆滿臉笑容走進辦公室，秘書陳小姐一見老闆心情不錯，認為要求加薪的時機到了，正準備開口的時候，老闆突然拉上百葉窗，熄了燈，室內瞬間一片漆黑。

陳小姐心裡非常害怕，不知道老闆有何企圖，便鼓起勇氣打開燈，拉開百葉窗，將窗戶通通打開，藉口房間太悶。

誰知道老闆又全部關上，連燈也不例外。

陳小姐擔心極了，表示口渴要喝水，想離開辦公室。

沒想到，還沒走到門邊，老闆突然出聲：「等等，我要讓妳看一樣東西。」

無奈的她只好緩緩轉過身，做好逃跑的準備。

在黑暗中，老闆慢慢走到她身邊，拉住她的左臂，一面舉起自己的左手，在她耳邊低聲說：「妳看，我的夜光錶多美啊！」

原來……陳小姐一聽，馬上挨近老闆，笑著說：「真是太漂亮了！您能加一點薪水給我嗎？」

「當然可以，」老闆興奮地說：「從本日起，加妳本薪的百分之五十。」

故事進行到一半時，你是否也提心吊膽，以爲社會又要增添一件「職場性騷擾」案例呢？這個「夜光錶事件」告訴我們，說話也是要看時間的。同樣一句話，在對的時間，可以達到事半功倍的效果；在錯的時間，達不到目的不打緊，還可能爲自己惹上麻煩。

阿三岳父家裡的牛跌死了，老丈人傷心得淚流滿面、食不下嚥。妻子知道後，就叫阿三前去安慰一下父親，臨行前囑咐他說：「你見著了阿爹，就說：『請別難過，畜生跌死總是有的。如果有人要買的話，就賣幾個錢；沒人買就剝下皮，宰來自己吃吧！』」

來到岳父家，阿三見老丈人還在流淚，就一字不漏地對他說：「岳父大人，請別難過，畜生跌死總是有的。如果有人要買的話，就賣幾個錢；沒人買就剝下皮，宰來自己吃吧！」

鄰人一聽，都稱讚阿三說話得體。

老丈人第一次見到傻女婿表現優秀，以為他變聰明了，心情跟著舒坦多了！

誰知，過了不幾天，老丈人也不幸跌死了，丈母娘哭得死去活來。阿三知道了，急忙趕去勸解她。

他記得上次寬慰岳父的話備受鄰人的稱讚，於是就照樣對丈母娘說：「請別難過，畜生跌死總是有的。如果有人要買的話，就賣幾個錢；沒人買就剝下皮，宰來自己吃吧！」

丈母娘聽到阿三這句話，大概沒病也會氣到剩半條命。

幽默的人的確受人歡迎，但是，並非所有場合都適用。某些時候，幽默可以安慰一個傷心的人，讓他破涕爲笑，忘卻傷悲，有時候卻會造成反效果。什麼可以說，什麼不能說，都必須視當時情況而定。

除此之外，還必須考量自己和受話者的幽默程度。

如果對方是個嚴謹且不懂得欣賞幽默的人，在你看來覺得是幽默的回答，卻可能被對方視爲不尊重的表現。

在對的時間，幽默可以幫助自己得到事半功倍的效果；在錯的時間，就會爲自己惹上麻煩。

爲了讓每次幽默都有一個歡樂的結果，所以還是必須花點心思，注意「幽默時間點」的這個問題。

童言童語讓人無法抗拒

孩子的世界很單純，尚未接觸混亂的思想，所以能坦誠待人，毫不掩飾地說出真相，童言童語常叫人感動。

父親問兒子：「今天怎麼沒去上學呢？」

兒子：「學校今天開始放暑假。」

父親：「喔！那成績單應該出來了吧？拿來給我看看。」

兒子將成績單遞過去。

父親不悅唸著：「大笨蛋一個，又是零分。」

兒子不高興地說：「我只有一個零分，坐在我後面的王小明考了一〇〇分，比我還多一個零呢！」

父親聽了哭笑不得，也不再生氣了。

孩子的世界很單純，尚未接觸社會複雜、混亂的思想，所以能坦誠待人，毫不掩飾地說出眞相，童言童語常叫人感動。只要我們能像孩子般，擁有足夠的好奇心和觀察力，模仿他們的思維方式，就能產生強烈的幽默效果。

德國作家大仲馬四歲的時候，父親去世了，母親在丈夫斷氣之後傷心走出房間，看到大仲馬拖著一枝很重的長槍，順著台階往閣樓爬。

「你要到哪兒去呀，孩子？」母親問。

「到天堂去呀。」大仲馬回答。

「哎呀，你到天堂去幹嘛？」母親驚訝地問。

「跟上帝決鬥去！」大仲馬說：「他把我爸爸弄死了。」

週末下午，媽媽帶著還讀幼稚園中班的兒子到公園散步，那天剛好有多對新人來拍婚紗照，小男孩高興地跑來跑去，看看誰的新娘漂亮。

突然，他哭著跑回來，一邊跺腳一邊說：「媽媽，漂亮新娘都被別人娶走了，以後我怎麼辦？」

媽媽見狀，摟著他安慰說：「別擔心，等你長大以後，會有更漂亮的新娘子等著嫁給你。」

小男孩止住淚水說：「她真的會等我長大嗎？那要等多久？」

女兒：「爸爸，你有幾個名字？」

父親：「我只有一個名字呀！」

女兒：「爸爸不可以說謊喔！你明明還有另一個名字。」

父親：「什麼名字啊？」

女兒：「淘氣啊！」

父親：「淘氣？誰告訴妳的？」

女兒：「我們老師啊！今天早上上課的時候，老師在全班同學面前說我是『淘

氣』的孩子。」

許多有趣的故事，常常和兒童相關，他們用自己一套想法看待生活，看似「責備」的話語，在孩子心中卻可能變成另一種解釋。

若是大人也能以同樣的角度照顧他們，就能享受孩子帶來的歡欣、快樂，童心，是上天賜給人們最可貴的禮物。

兒子：「爸爸，護士阿姨打針前為什麼要用棉花球擦我的屁屁呢？」

父親：「那是酒精啊！她們要先讓你的屁股喝醉，再打針就不痛了。」

兒子：「可是打針時，我還是痛啊。」

父親：「那是你的酒量大。」

父親的最後一句話，雖然超越孩子的世界，卻有孩子般快樂的情趣，年紀再大，也抹滅不了「童眞」的存在。

輕鬆看待生命中的挫折

同樣的事情，看在不同人的眼裡，便會有不同的感受，只要能換個角度來想，不愉快的事情也能釋懷。

有一則鐵幕笑話說，某個蘇聯頭子死後下了地獄，魔鬼帶他兜了地獄一圈，要他選擇自己的懲罰方式。

第一個房間裡，他看到史達林被吊在滾燙的油鍋上，濺起的熱油燙得史達林哇哇大叫。蘇聯頭子看了一眼就渾身發抖快步離開，不敢繼續看下去。

到了第二個房間，兩個全身肌肉的惡鬼正用皮鞭狠狠抽打著大獨裁者希特勒，蘇聯頭子看了依然臉色蒼白離開。

在第三個房間裡，他看到床上坐著赫魯雪夫和法國性感尤物碧姬芭度，蘇聯頭子於是說：「我願意接受赫魯雪夫所受的懲罰。」

「不行，」魔鬼回答：「在這裡受懲罰的不是赫魯雪夫，是碧姬芭度。」

中國民間故事「十兄弟」中，十個兄弟各擁有不同的特質，例如鐵骨、銅皮、愛熱、長腿、愛哭……等等。

某次，十兄弟為了治母親的病得罪了刻薄的縣太爺，而遭到懲罰。結果不管是斬首、剝皮、下油鍋等方式，都沒辦法傷他們一根汗毛。因為鐵骨砍不斷頭、銅皮剝不了皮、愛熱下油鍋當游泳……，從不同的角度來看，所謂的懲罰對他們來說，甚至是一種享受。

這個故事說明了，如果沒辦法對症下藥、抓住重點，就無法達成目的。

唐朝時候，有個皇族後裔叫李載仁，生性遲鈍，為人迂腐又迷信，認為吃了豬肉會倒楣，所以從來不吃。

有一天，上司傳令召見他，誰知才剛剛騎上馬，兩個隨從不知為何原因打了起來，李載仁怒不可遏，立即命人到廚房把大餅和熟豬肉取來，喝令這兩個人面對面吃下去。

直到他們吃完後，李載仁才鄭重其事地告誡他們說：「念你們初犯，今天從輕處理。如果日後膽敢再打架，本官就在豬肉裡面加上酥油罰你們吃下，看你們怕是不怕？」

當隨從發現吃豬肉就是對自己的懲罰時，大概恨不得能被多懲罰個幾次，最好還能在豬肉淋上香噴噴的酥油吧。

大多數的人看事情，都是以自己的角度爲出發點，殊不知同樣的事情，看在不同人的眼裡，便會有不同的感受，只要能幽默一點，換個角度來想，再怎麼不愉快的事情也能釋懷。

有一個成績一向名列前茅的小女孩突然退步了好幾名。母親問她：「妳這次考試怎麼退步那麼多呢？」

誰知小女孩卻回答：「這樣不是很好嗎？下次考試時，我就能得到最佳進步獎啊！」

小女孩這樣的回答，讓人忍不住露出笑容，爲的是小女孩的天眞和豁達。這樣的心態多麼難能可貴，卻也是現代人普遍缺乏的。

只要能用輕鬆、幽默的角度來看待生命中的挫折，生活會更愉快。

用幽默打破親子間的沉默

用幽默來代替責備和訓話，讓幽默蘊藏的智慧、愛心和關懷，直達孩子心裡，無形中也能打破親子間的「沉默」。

小寶大學唸書時，一向不用功，成天愛玩，考試總是不及格。父親十分擔憂，寫了一封信對他說：「如果你的成績考到九十分，我送你一輛價值一百萬元的新式高級跑車作為獎勵。」

考完試後，小寶回了一封信給父親：「親愛的爸爸，我決定還是考不及格，賺錢很不容易，我不忍心讓你破費。」

親子溝通的問題普遍存在，上一代的教育方式，或者當地民風，對於親子間的相處都有影響，但是不可否認的，每一個時代還是有成功的親子關係。

有一個明星高中的女學生，因爲成績退步到第四名，害怕被家長責備而僞造簽名，父親發現後，憤而報警。

從這樣誇張的行爲，可想見家長對成績的迷思，以及帶給孩子什麼樣的壓力了。

「望子成龍，望女成鳳」是每個做父母的希望，但是要培育出優秀的下一代，不是簡單就可以達到。

幽默的溝通方式，能消除代溝，並讓孩子更容易接受。

從前，有個人開了一個藥鋪，剛開店不久，就有事必須出遠門。臨行前，他特別交代兒子要好好看守鋪子。這天，恰巧有個顧客要來買牛膝和雞爪。藥鋪兒子的腦袋不太靈光，大字更不認識幾個，當然也看不懂藥名，更糟糕的是，他甚至不知道牛膝和雞爪都是中藥草名。

他翻遍了藥櫃，怎樣也找不到「牛膝」和「雞爪」，突然靈機一動，跑到院子裡，將家裡那頭耕牛的一條腿砍下來，又把正在孵蛋的母雞兩隻腳剁下，然後交

給顧客。

父親回來後，問他賣了什麼藥，他得意洋洋地將過程一五一十告訴了父親。

父親聽了，不禁啞然失笑說：「幸好沒有人來買知母、貝母，不然，你就把你媽媽都賣掉啦！」

從前有個呆子名叫阿慶，十幾歲了還是愣頭愣腦，什麼也不會做。有一天早上，父親叫他上山，砍幾對枒杈做板凳腳，誰知一去，竟到半夜才回來。

父親見他空手回來，連一塊枒杈也沒有砍，便生氣地說：「你到哪個地方遊蕩去了，怎麼這時候才回來哪？」

阿慶委屈地回答說：「山上被我全找遍，連腿都快跑斷了，哪裡還有閒工夫去玩耍呀？」

父親不解問：「難道山上一個枒杈也沒有嗎？」

阿慶答道：「枒杈山上多極啦，可全都是向上長的哩。因為要做板凳腳，我就專找朝下的，但山上偏偏不長這種枒杈，所以就沒有砍回來了。」

父親聽了好氣又好笑，也無力再唸他了。

幽默不僅僅在人際交往間能發揮作用，在家庭中更是不可或缺的一環。父母和子女的關係匪淺，一但弄個不愉快，關係就會弄僵。

用幽默來代替責備和訓話，讓幽默蘊藏的智慧、愛心和關懷，直達孩子心裡，無形中也能拉近彼此的關係。幽默可以打破親子間的「沉默」，讓父母親不只是父母親，還是孩子的好朋友。

12 不要讓自己的幽默太過火

輕鬆生活不代表可以隨性作為，
幽默也不可過火，唯有能保有自己的真性誠心，
才能期待良善社會環境的建立。

積極學習，夢想才有意義

幽默看待磨難，多爭得一次學習機會，即使得耗費氣力也值得，因為在那之後，終將換得更豐盈的財富。

空有夢想，卻不知道積極行動，將會引人迷失方向。心中有夢，記得積極前進，人生路似長猶短，邁出的腳步一旦停滯，必然離夢想更遙遠。

一天，學生忽然對老師說：「老師，我常夢見我已經當上教授了耶！」

老師聽了，微笑不語。

「老師，我要怎樣做才能讓夢想成真呢？」學生問。

老師依然面帶微笑，說：「很簡單，少睡覺。」

很簡單的答案，卻也是最中肯的答案。「少睡覺」，才能減少「做夢」的時間，也才能把這些多出來的時間，踏踏實實地用於學習上。

學習之路難以錢計較，只要我們能認真，少睡一分鐘，便能多踏出一個成功腳步。同樣的，每花一分力，終將收得物超所值的回饋。

若還不懂得這個道理，下面的故事也許可以給我們更多省思。

有個人想送他的兒子到學校念書，老師說：「好，我們可以收留他，不過你得交足二十法郎的學雜費。」

「二十法郎？這麼多啊！我可以用它來買一頭驢子了。」男子不捨地說。

老師看著男子，說：「假如你真的用這二十法郎去買頭驢，卻不讓孩子上學的話，那我保證，將來你家會有兩頭笨驢。」

許多人在衡量事物價值時，會習慣性地以金錢來計算，但你眞覺得金錢眞能估出事物的眞正價值嗎？

聰明如你，想必早知道是估不出來的，因爲萬事萬物皆有其有價與無價的一面。即使標價僅一塊錢，對喜愛的人而言就是價值非凡之物，反之，標示無價的物品，對使用不著的人來說，與垃圾場裡的廢棄品無異。

所以，別只想著那二十法郎，也別想著美夢，行動吧！

你我都知道，一個人的成就與學習機會是無價的，能爲自己多爭取一些時間，自然多進一步。幽默看待磨難，多爭得一次學習機會，即使得耗費氣力也值得，因爲在那之後，終將換得更豐盈的財富。

真心對人，才得人真心以對

要求別人付出的時候，請先想想你是否也願意付出吧！若不能主動張開雙手，又如何能得到他人的擁抱回應？

如果你是一個喜歡分享愛的人，一定認同這個道理：「愛人者人恆愛之，敬人者人恆敬之。」

這絕非陳舊的老話，而是永恆不變的眞理。

這社會一直都是公平的，不會有人只能一味地付出，而得不到回饋，所以別擔心你的付出得不到人們的善意回應，首先應該擔心的是，自己待人的心是否眞誠無愧？

佐藤家與青木家是多年的老鄰居，說他們感情好也不是，說他們感情不好又不大對，因為他們偶爾還是會互相「尋求幫助」。

好像這天，佐藤先生叫傭人去向青木家借錘子，傭人立即到青木家敲門：「您好，我們家的主人想向您借把錘子。」

「不知道你們要敲的釘子是鐵的，還是木頭的？」青木先生問。

傭人說：「是鐵釘子。」

一聽到是鐵釘子，青木先生便說：「鐵釘子啊！唉呀！那真不巧，我們家的鐵錘剛剛被別人借走了。」

借不到鐵錘，傭人只能空手而回，如實地把經過告訴佐藤先生。

佐藤先生聽完傭人的敘述，忍不住大聲嚷嚷：「什麼，真沒想到這世界上竟有這樣的吝嗇鬼！借個錘子，還要問釘子是鐵的還是木頭的，真是莫名其妙。哼！有鐵錘也捨不得借，好像被我一用就會壞掉一樣。」

「沒辦法，我只好拿自己的錘子來用了。」佐藤先生說著，便轉身從自己的工具箱裡拿出鐵錘。

傭人站在一旁，無言以對。

這是一則非常有趣的故事，兩家人看似是感情和睦的老鄰居，實際上卻同樣的自私自利。說得好聽是「互相幫忙」，結果卻是「相互利用」，雖然可說人之常情，卻仍讓人頗感心寒。

人與人之間的互動，原本就存在著一些利益需要，然而，像佐藤先生這樣一心只想著佔人便宜的心態，必定不是每個人都能接受。

親愛的朋友們，在要求別人付出的時候，請先想想你是否也願意付出吧！若不能主動張開雙手，又如何能得到他人的擁抱回應？

想看見人們以笑臉相迎，別忘了自己的美麗微笑，希望人們能以真心對待，別忘了率先付出誠心。

用寬厚、幽默態度待人，必能得到肯定與回饋。

失戀是最好的成長試鍊

感覺不對了，就別再強求，學會放手，學會捨下，我們才能真正的打開心眼，去尋找真正屬於自己的伴侶。

你失戀了嗎？

若是，請認眞感受此刻心境，因爲聰明的人能從失戀的苦痛中，看清自己眞正想要的愛情樂園，並找出更合適的愛人方式。

有個失戀的人正愁眉苦臉地向朋友訴苦：「我愛的人拒絕了我的求婚。」

「沒什麼，我告訴你，女人的話有時候得從反面理解，她說不，有時候是意味著好。」朋友如此安慰他。

「可是，她沒說不啊！」失戀的人說。

「不然她說了什麼？」朋友問。

「她說『呸』。」失戀的人說。

絕妙的一聲「呸」，雖然狠心，但倒也簡單明瞭。這樣的感情結束其實也算是一個好的結果，至少男人不必繼續愁眉苦臉地等待女人的回應，更不必空自期待美好的結局。

既然對方不喜歡，那就再找下一個戀人吧！愛情的道路上不會只有一個選擇，眼前人若不是對的人，就別再癡纏了，不然會讓自己被困在愛情迷陣裡，遲遲找不到眞愛。

某間雜誌社正舉辦一場徵文活動，題目是：請以最短的文字，敘述你的一次戀愛經過。

不久，他們收到這樣一篇文章：「剛開始：我心裡眼中只容得下一個她；過程中：母親叫我向東，情人叫我向西，我必定選擇向西；結局：愛人結婚了，新郎不是我。」

曾經執著的唯一，曾經以爲只有對方才有全世界，漸進至失去了愛人的心，這轉折的確折磨人。但往好處想，若能從中看見自己眞正的需要，相信未來的路仍有更多美好。

新郎不是我，正代表著與這份情感無緣，若是勉強求愛，最終一樣會走到不得不分手的路。畢竟愛情不是單一方的事，如果不是兩情相悅，即使郎才女貌也無法看見幸福。

心是騙不了人的，或許騙得了別人，但肯定騙不了自己。感覺不對了，就別再強求，學會放手，學會捨下，我們才能眞正的打開心眼，去尋找眞正屬於自己的伴侶。即便他們的答案很傷你心，也請別再傷心，而以感恩心面對，並以幽默解嘲，因爲走出錯誤的愛情，會更懂得什麼才是眞愛。

不要讓自己的幽默太過火

輕鬆生活不代表可以隨性作為，幽默也不可過火，唯有能保有自己的真性誠心，才能期待良善社會環境的建立。

維護社會環境，雖然人人有責，但我們絕不能只要求別人付出，卻忘了自己盡一份心力。

在責問別人爲何不能爲我們著想時，別忘了要先想想自己，是否也時時刻刻都能關照別人的需要。希望能打造一個互動良好溫馨的人際社會，別忘了先從自己開始。

舍監來到宿舍視察，正巧碰見學生們在屋裡燒煤烤肉。

「天哪！窗戶和大門都沒打開，你們難道不知道這樣做很危險嗎？」舍監非常緊張地說。

「太危險了！滿屋子充滿二氧化炭，要是再沒有氧氣進來，你們可要送命了。」他接著又恐嚇道。

看著舍監滿臉驚恐神情，其中一位學生笑著回答：「放心啦！我們是植物系的，會吸二氧化炭，吐氧氣。」

學生們自以爲幽默地回應，卻無視於自身安全，從應答中我們不難看見他們責任心的不足，以及仍有待加強的生活態度。

一個無視自身安全的人，當然也不會顧及他人的安危，仔細想想，自己是否也抱持著相似的錯誤態度呢？

取巧容易，踏實難得，機巧雖然容易讓我們獲得成功，其中往往也存在著險境，好像下面這則故事。

兩位法學院的猶太學生正在爭論一個問題，其中一位學生認為，學習法典的時候是不可以抽煙的，而另一位學生則持相反意見。

他們各執己見，相持不下，最後只好找猶太拉比當裁判。

「拉比，我們在學習法典時能抽煙嗎？」持反對意見的學生先開口。

拉比聽了，生氣地說：「當然不行！」

這時，持贊同意見的學生走了過來，恭敬地對拉比說：「請問拉比，人們抽煙的時候，可以學習法典嗎？」

「當然可以。」拉比聽了，笑著裁決道。

換個方式說反而說服了拉比，然其中也存在著另一極爲重要的寓意：試想，只懂鑽法律的漏洞，豈是社會之福？

人生只有一次機會，好像第一則故事，懂得自然律例的人卻選擇違反自然之則，讓自己陷入危險中，怎不愚笨？

又如第二則教事，身爲未來律師，不懂直言誠實，卻想著玩弄巧智，這又豈是大眾之福？

人生能走往對的道路並不容易，稍有偏失便墮險惡之林，正因爲如此，更要時時提點自己正確的生活態度與嚴謹的人生方向。

輕鬆生活不代表可以隨性作爲，幽默也不可過火，唯有能保有自己的眞性誠心，時時提醒看見正念心性，如此，才能期待良善社會環境的建立。

尊重別人等於尊重自己

學習尊重他人不難，而且相當必要。因為學會尊重他人，也等於學會了尊重保護自己的智慧和人格。

沒有人不希望時刻感受到別人的尊重，也沒有人喜歡自由與自主權被侵犯。

所以，在觀想自己不喜歡的情況時，別忘了替換到他人身上，因爲人同此心，心同此理，期望別人尊重我們之前，不能忘了自重。

有位美國太太正在英國旅行，這天她選擇搭火車前往目的地，由於在位子上坐太久了，便起身走進了一間吸煙室，心想：「那裡的空間比較大，應該比較舒服。」

然而，很不巧的，裡面有個英國紳士正在抽煙。

美國太太安靜地坐了一會兒，但坐越久便吸進越多的煙味，讓她的身體越來越覺得不舒服。

為了阻止這位英國紳士繼續抽煙，她便開始故意打噴嚏和咳嗽，以示對煙味的厭惡與不適。

然而，不管這位美國太太的動作或聲音多大，英國紳士始終都未加理會，看起來根本不打算把煙斗放下。

最後，美國太太忍不住說話了：「先生，如果您是一位紳士的話，應當知道，在女士走進了這節車廂之後，您就應該把煙放下了。」

這位英國男子聽了，卻微笑道：「夫人，如果您是一位優雅夫人的話，也應當知道，當有位紳士坐在這裡抽煙的時候，您就不該再走進這節車廂了。」

你認爲誰的說法才正確？還是你覺得兩個人都不對？

答案當然見人見智，然而若從尊重別人的角度來思考，明知該處是吸煙間，卻偏偏選擇走進的夫人，其實是不對的。吸煙區是癮君子們唯一的去處，當然要尊重他們的使用權。

既知自己不喜歡煙味，何不退回到屬自己的地方呢？

不難發現，現實生活中許多人也會犯下同樣的錯誤，把侵犯他人的自由視爲理所當然，以爲這樣做並無傷大雅，實則已損害了自己與他人之間的情誼。

學習尊重他人不難，而且相當必要。因爲學會尊重他人，也等於學會了尊重保護自己的智慧和人格。這樣的人，當然較受歡迎。

心態決定事情的成敗

心態決定事情的成敗，處事只在態度，若不能嚴謹進行，不能以正確的態度對待，與其行動，不如不動。

工作成敗關乎態度，生活好壞也關乎態度。錯誤的態度常引人走進生活危機，也常帶著人跨入險境。

跨出腳步之前，請先檢視我們的決心，也請先檢視你我的態度是否認真。少了這些，想成功恐怕難如登天。

上級下了指示，要各省在某個期限內讓文盲消失，但是到了期限的前兩天，有個人卻急匆匆地跑到村長那兒，說他還不識字。

村長一聽急著跳腳，大罵道：「你說什麼？你會不會太過分了！不識字為什麼不早說？只剩兩天時間而已，你知道嗎？」

這個人解釋道：「對不起，因為我腦袋笨啊！」

村長說：「那你要我怎麼辦？現在已經一個文盲都沒有了，就只剩下你一個人，你真是搞破壞的！快快快，你快去找掃盲小組，求求他們幫助你，也許他們能在兩天內教會你一些字，讓你至少會一些字母。」

這個人聽了，搖頭說：「字母我早就認得了啊！每個人都只教我這個，我看了都頭疼。」

村長聽了，忍不住問：「什麼？那你會寫自己的名字嗎？」

「會啊！自己的名字我當然會寫！」這個人自信滿滿地說。

村長一聽，立即鬆了一口氣：「那沒事了，你回去吧！這樣也想當文盲？還不夠資格啦！我看你已經能教書了呢！」

這看似有趣的故事，實則能引得人深刻省思。

爲了迎合配合上級的目標，底下的人們努力地教人識字，然而最終結果，眞完成了嗎？

恐怕非但沒有，情況還變得更糟，因爲不正確的教育態度，不只給了人們錯誤的知識認知，還引導他們往向錯誤的方向思考。

在上者以草率的態度教育人民，還讓文盲者以爲會幾個字母就能教書，一代一代傳遞下去，結果會是何種情況？想必無須猜想便能預見。

心態決定事情的成敗，處事只在態度，若不能嚴謹進行，不能以正確的態度對待，與其行動，不如不動。

加強功力，就有欣賞幽默的能力

幽默有不同層次，欣賞的角度自然也不同。每個人都有自己的「口味」，有的人喜歡味道重，有的只愛清淡。

小玲的未婚夫是個美國人，勉強能聽和說一些簡單的華語。

有一天，未來的丈母娘請他到家裡吃飯。席間，丈母娘說了一個外國人講中文的笑話：有一個美國人在台灣被狗咬了一口，想向狗主人表示抗議，於是用有限的字彙對狗主人說：「你的狗在我的腿上『吃飯』。」

結果小玲的未婚夫一副若有所思的樣子，然後恍然大悟說：「對了！不是『吃飯』，應該是『吃肉』才對！」

幽默可分爲「表達幽默」和「欣賞幽默」，有一種人，一點喜感也沒有，言行舉止極爲正經八百，但是，當別人說笑話的時候，他卻聽得懂，並且以笑聲回報，也可以稱他非常有幽默感，是一個有「欣賞幽默」能力的人。

「欣賞幽默」和「表達幽默」同樣重要，如果只有製造幽默，卻沒人欣賞，那麼「幽默」也會少了一點顏色。

從前有個差役，腦袋不但不靈光，還有點癡呆。

有一天，他要押解一個犯了罪的和尚到府衙去，上路之前，怕自己的記性不好而會漏了東西，便將人和物件一一詳細查點之後，編成兩句順口溜：「包裹雨傘枷，文書和尚我。」

一路上，差役一邊走一邊反反覆覆唸著這兩句話，和尚聽了，知道他是個傻瓜，心裡暗暗高興，想出逃脫的方法。

到了傍晚，他們在一家小酒店夜宿。

和尚在用餐之際，用酒將差役灌得爛醉如泥，接著剃光他的頭髮，然後取下自己脖子上的木枷套在差役頭上，趁著黑夜悄悄逃跑了。

第二天早上，差役醒來第一件事，就是按順口溜來清點人和物件。

他一邊查，一邊說：「包裹，有。雨傘，有。文書，有。枷……枷呢？」他一摸頭上的枷，才放心地說：「有！」

突然，他像是發現了什麼似的，驚叫了起來：「哎呀，和尚不見啦！」

過了一會兒，他摸著自己光禿禿的腦瓜，驚喜地說：「還好，和尚還在哩，只是我不見了！」

看完這個小故事，不知是否也有人像上述的差役一樣，摸不著頭緒、搞不清狀況呢？差役的愚癡，竟然可以「把自己弄丟」！

幽默有不同層次，欣賞的角度自然也有所不同。

每個人都有自己喜歡的「口味」，有的人喜歡味道重，有的只愛清淡。幽默也有很多種變化，就像「千面女郎」般，讓人捉摸不定。

幽默是一種圓融處世的藝術，眞正懂得幽默的人，絕對不會指責他人沒有幽默感，即使對方聽不懂自己的幽默。在這個時候只能勉勵自己，加強幽默功力，「因材發功」，讓每一個人都聽得懂。

相對的，在培養自己的「表達幽默」時，也別忘了，「欣賞幽默」也是提升自己境界的關鍵點。

你不能不知道的察言觀色讀心

魯賓斯坦曾說

想要讀懂一個人，千萬別只看他的外表，
而是要懂得拆開那些外在的精美包裝。

的確，在這個滿是虛偽與狡詐的社會，想知道對方究竟是什麼樣的人，千萬別被包裝過的外表迷惑，而要透視對方的內心，一眼看出他的底細。

瞬間讀懂

對方的心理密碼

PRACTICAL PSYCHOLOGY

陶然——編著

要透視對方的內心並不困難，秘訣就在於掌握口是心非的人性。
只要靈活解讀對方肢體語言，你就可以擁有一對讀懂對方秘密的慧眼。

溝通智典

30

用幽默的話語，改變對方的心理

作　　者　文彥博
社　　長　陳維都
藝術總監　黃聖文
編輯總監　王　凌
出 版 者　普天出版家族有限公司
新北市汐止區忠二街 6 巷 15 號
TEL / (02) 26435033 (代表號)
FAX / (02) 26486465
E-mail：asia.books@msa.hinet.net
http://www.popu.com.tw/
郵政劃撥 19091443 陳維都帳戶
總 經 銷　旭昇圖書有限公司
新北市中和區中山路二段 352 號 2F
TEL / (02) 22451480 (代表號)
FAX / (02) 22451479
E-mail：s1686688@ms31.hinet.net
法律顧問　西華律師事務所・黃憲男律師
電腦排版　巨新電腦排版有限公司
印製裝訂　久裕印刷事業有限公司
出 版 日　2021 (民 110) 年 11 月第 1 版
ISBN◉978-986-389-794-1　　條碼 9789863897941

國家圖書館出版品預行編目資料

用幽默的話語，改變對方的心理／
文彥博著.—第 1 版.—：新北市,普天出版
民 110.11 面； 公分. - (溝通智典；30)
ISBN◉978-986-389-794-1 (平裝)